Jim Cymbala / Dean Merrill

Wenn Glaube Feuer fängt

Projektion J

Titel der Originalausgabe: *Fresh wind, fresh fire*

© 1997 by Jim Cymbala
Published by Zondervan Publishing House,
Grand Rapids, Michigan 49530, USA

© 2000 der deutschen Ausgabe
by Gerth Medien GmbH, Asslar
1. Auflage 2000

ISBN 3-89490-308-2

Auf der Grundlage der neuen Rechtschreibregeln.

Die Bibelstellen wurden, wenn nicht anders angegeben,
der »Gute Nachricht Bibel« entnommen.

Übersetzung: Annette Schalk
Umschlaggestaltung: Hanni Plato
Umschlagfoto: Tony Stone
Satz: Projektion J Verlag
Druck und Verarbeitung: Ebner Ulm

Inhalt

Teil I

Gottes Verheißung

Kapitel 1

Die Neueinsteiger

Ich kämpfte mich an diesem Sonntagabend im Jahr 1972 gerade auf den Höhepunkt meiner nicht allzu ausgefeilten Predigt zu, als sich die Katastrophe ereignete. Als es geschah, wusste ich nicht, ob ich weinen oder lachen sollte.

Mein Schwiegervater hatte mich dazu überredet, *Brooklyn Tabernacle* zu leiten, eine bedauernswerte Gemeinde in der Innenstadt New Yorks an der Atlantic Avenue. Sie bestand aus einem schäbigen, zweigeschossigen Gebäude und der Kirchenraum bot noch nicht einmal 200 Personen Platz – nicht, dass wir auch nur annähernd so viel Platz benötigt hätten. Die Decke war niedrig, die Wände brauchten einen neuen Anstrich, die Fenster waren schmuddelig, und der blanke Holzboden war schon seit Jahren nicht mehr versiegelt worden. Aber für solche Reparaturen stand kein Geld zur Verfügung, ganz zu schweigen von dem Luxus einer Klimaanlage.

Carol, meine Ehefrau, tat an der Orgel gerade ihr Bestes, um eine andächtige Atmosphäre zu schaffen, während ich die etwa 15 Leute vor mir dazu einlud, persönlich auf meine Predigt zu antworten. Irgendjemand bewegte sich auf einer Bank zu meiner Linken, aber wohl weniger, weil ihn meine Predigt angesprochen hatte, als vielmehr, weil er keine Lust mehr hatte und sich fragte, wann dieser junge Prediger endlich alle nach Hause gehen lassen würde.

K-r-r-r-a-c-h!

Die Bank krachte und brach zusammen, wobei fünf Personen unsanft auf dem Boden landeten. Das Geräusch von Schnappen nach Luft und Ächzen füllte den Raum. Meine kleine Tochter hielt diesen Augenblick vermutlich für den aufregendsten in ihrer bisherigen Kirchenlaufbahn. Ich unterbrach die Predigt, um den Leuten Zeit zu geben, sich vom Boden zu erheben und ihre verlorene Würde wiederzufinden. Mir fiel nichts Besseres ein, als ihnen nervös vorzuschlagen, sich auf eine andere Bank zu setzen, die stabiler zu sein schien, und den Gottesdienst möglichst schnell zu beenden.

Dieser Zwischenfall illustriert perfekt, wie meine erste Zeit im Amt aussah. Eigentlich hatte ich nicht gewusst, auf was ich mich eingelassen hatte. Ich hatte weder eine Bibelschule noch ein Seminar besucht. Ich war in Brooklyn in einer ukrainisch-polnischen Familie aufgewachsen und ging am Sonntag mit meinen Eltern zum Gottesdienst, hatte aber nie davon geträumt, einmal Pastor zu werden. Meine große Leidenschaft war schon immer Basketball gewesen, zuerst auf der Highschool, später auf der *U. S. Naval Academy*, wo ich im ersten Jahr den bestehenden Punkterekord einstellte. Dann verletzte ich mich am Rücken und musste aus der *Navy* ausscheiden. Ich besuchte schließlich die Universität von Rhode Island, wo ich drei Jahre lang im Basketballteam mitspielte. In meinem letzten Jahr war ich Kapitän des Teams; wir gewannen die *Yankee Conference*-Meisterschaften und spielten in der NCAA.

Mein Studienhauptfach war zunächst Soziologie, aber dann freundete ich mich mit Carol Hutchins an, der Tochter des Mannes, der damals in der Highschool mein

Pastor war. Carol war eine begabte Organistin und Pianistin, obwohl sie das Notenlesen nie richtig gelernt hatte. Wir heirateten im Januar 1969, zogen in eine Wohnung in Brooklyn und arbeiteten beide in der hektischen Geschäftswelt von Manhatten. Wie viele frisch Verheiratete hatten wir nicht viele langfristige Pläne; wir bezahlten einfach unsere Rechnungen und genossen die Wochenenden.

Carols Vater, Reverend Clair Hutchins, hatte mir Bücher gegeben, die mein Interesse an geistlichen Dingen weckten. Er war mehr als nur Pastor einer Ortsgemeinde; er reiste häufig ins Ausland, um bei evangelistischen Veranstaltungen zu predigen und andere Pastoren zu schulen. In den Vereinigten Staaten war er inoffiziell für die Betreuung von ein paar kleinen, unabhängigen Gemeinden zuständig.

Anfang 1971 schlug er Carol und mir ernsthaft vor, darüber nachzudenken, ob es vielleicht Gottes Plan für uns sei, in den vollzeitlichen Dienst zu gehen.

»In Newark gibt es eine Gemeinde, die einen Pastor braucht«, sagte er eines Tages. »Die Leute dort sind sehr nett. Warum gebt ihr nicht einfach eure Jobs auf, geht im Vertrauen auf Gott los und seht, was er tun wird?«

»Aber ich habe doch überhaupt keine entsprechende Ausbildung«, protestierte ich. »Ich und Pastor? Ich habe gar keine Ahnung, was man als Pastor so macht!«

Doch Carols Vater entgegnete nur: »Wenn Gott jemanden beruft, ist das das Einzige, was wirklich zählt. Nur keine Angst!«

Und ehe ich mich versah, versuchte ich, eine winzige Gemeinde zu leiten, deren Mitglieder ausschließlich Farbige waren und die sich in einem der schwierigsten Missionsfelder Amerikas befand. Unter der Woche studierte ich systematisch das Wort Gottes; am Sonntag

»lernte« ich, dieses Wort an Menschen weiterzugeben. Carols musikalische Fähigkeiten glichen viele meiner Fehler wieder aus, und die Leute in der Gemeinde waren so nett, uns ein bescheidenes Gehalt zu zahlen.

Meine Eltern gaben uns eine Anzahlung für ein Haus und so zogen wir nach New Jersey um. Irgendwie brachten wir das erste Jahr hinter uns.

Doppelte Verpflichtungen

Eines Tages rief mich mein Schwiegervater aus Florida an, wo er lebte, und bat mich um einen Gefallen. Er fragte mich, ob ich an vier Sonntagabenden in der *Brooklyn Tabernacle*, einer anderen Gemeinde, die er betreute, den Predigtteil übernehmen könne. Diese Gemeinde hätte ein dauerhaftes Tief erreicht, sagte er. Ich war einverstanden, nicht ahnend, dass diese Entscheidung mein Leben für immer verändern sollte.

Ich spürte bereits beim Betreten der Gemeinde, dass sie große Probleme hatte. Der junge Pastor war entmutigt. Der Gottesdienst begann sehr zögerlich mit einer Hand voll Leute. Einige kamen zu spät. Der Stil der Anbetungszeit grenzte ans Chaotische; es war kaum eine einheitliche Richtung zu spüren. Der Pastor bemerkte, dass ein bestimmter Mann anwesend war – ein gelegentlicher Besucher der Gemeinde, der sang und sich dabei selbst auf der Gitarre begleitete –, und bat ihn ganz direkt, nach vorne zu kommen und ein Solo zu singen. Der Mann lächelte vage und sagte nein.

»Wirklich«, flehte der Pastor. »Wir würden uns sehr freuen, wenn Sie für uns sängen.« Der Mann weigerte sich weiterhin. Es war schrecklich. Schließlich gab der Pastor auf und fuhr mit Gemeindeliedern fort.

Ich erinnere mich auch an ein weibliches Gemeinde-
mitglied, das von sich aus einen Choral anstimmte –
während der Rest der Besucher sich noch mitten in einem anderen Lied befand, das der Pastor mit ihnen zu
singen versuchte.

Es war sehr merkwürdig, aber nicht mein Problem.
Ich war schließlich nur da, um vorübergehend auszuhel-
fen. (Schon allein die Tatsache, dass ich auf die Idee
kam, in meinem Entwicklungsstadium als Pastor jemand
anderem weiterhelfen zu können, zeigt, wie schlimm die
Zustände in dieser Gemeinde waren.)

Ich hielt meine Predigt und fuhr nach Hause.

Nach dem Gottesdienst in der folgenden Woche
schockierte mich der Pastor mit der Mitteilung: »Ich
habe mich entschlossen, mein Amt in dieser Gemeinde
aufzugeben und in einen anderen Bundesstaat zu ziehen.
Würden Sie Ihren Schwiegervater bitte davon in Kenntnis setzen?«

Ich nickte und sagte wenig. Als ich in dieser Woche
mit meinem Schwiegervater telefonierte und ihm die
Neuigkeiten unterbreitete, stand rasch die Frage im
Raum, ob diese Gemeinde überhaupt weiterhin bestehen
sollte.

Ein paar Jahre zuvor hatte meine Schwiegermutter
zusammen mit einigen anderen Frauen darum gebetet,
dass Gott in Brooklyn eine Gemeinde ins Leben rufen
würde, die die Menschen in diesem Gebiet für sein Wort
erreichen würde. So war diese Gemeinde entstanden –
aber nun schien alles hoffnungslos.

Als wir darüber sprachen, was mit dieser Gemeinde
geschehen sollte, erwähnte ich auch noch etwas, das der
Pastor mir gesagt hatte. Er war sich sicher, dass sich
einer der Mitarbeiter an der Kollekte bediente, weil die
Summe nie den Beträgen entsprach, die die Leute auf

die Umschläge schrieben, in die sie ihren Zehnten steckten. Kein Wunder, dass auf dem Gemeindekonto weniger als zehn Dollar waren.

Mein Schwiegervater war aber noch nicht bereit aufzugeben. »Ich weiß nicht – ich bin nicht sicher, dass Gott schon mit dieser Gemeinde abgeschlossen hat«, sagte er. »Wir sollten die Flinte nicht zu schnell ins Korn werfen.«

»Nun, Clair, was wirst du tun, wenn der Pastor die Gemeinde verlässt?«, fragte seine Frau, die am anderen Apparat mithörte. »Ich meine, in zwei Wochen ...«

Seine Stimme klang plötzlich fröhlicher: »Jim, wie wäre es, wenn du eine Zeit lang beide Gemeinden als Pastor betreust? Wir könnten ihr noch eine Chance geben und sehen, wie sich die Dinge entwickeln.« Das war kein Witz; er meinte es tatsächlich völlig ernst.

Ich wusste nicht, was ich sagen sollte. Ich wusste nur eines: Ich hatte kein magisches Allheilmittel für alles, woran die *Brooklyn Tabernacle*-Gemeinde krankte. Doch mein Schwiegervater hielt an seinem Vorschlag fest und so fügte ich mich.

Statt nun als Anfänger in nur einer Gemeinde zu arbeiten, konnte ich mein »Vergnügen« verdoppeln. Im darauf folgenden Jahr sah mein Terminplan an den Sonntagen folgendermaßen aus:

9.00 Uhr	Aufbruch von zu Hause in New Jersey und Fahrt nach Brooklyn.
10.00 Uhr	Leitung des Morgengottesdienstes.
11.30 Uhr	Rückfahrt in raschem Tempo durch Manhatten und den Holland-Tunnel in die Gemeinde nach Newark, wo Carol und die anderen bereits mit dem Gottesdienst begonnen hatten. Predigt.

| Später Nachmittag | Carol und das Baby zu *McDonald's* ausführen, dann zurück nach Brooklyn für den Abendgottesdienst. |
| Später Abend | Rückfahrt nach New Jersey, erschöpft und normalerweise entmutigt. |

Und der Zustand der Gemeinde in Brooklyn war schrecklich. Von Zeit zu Zeit kamen Landstreicher während des Gottesdienstes herein. Die Besucherzahl sank auf weniger als 20 Besucher, weil eine Reihe von Leuten schnell beschloss, dass ich »zu reglementiert« sei, und lieber in andere Gemeinden ginge.

Vor allem die Sonntagvormittage ohne Carol waren schwierig. Der Organist konnte nur einen einzigen Choral richtig spielen. Wir sangen ihn jede Woche, manchmal auch mehr als einmal. Alle anderen Liedvorschläge führten zu Stocken und Disharmonien. Es hatte nicht gerade den Anschein, als stünde diese Gemeinde vor einem großen Aufbruch.

Ich werde nie die Höhe der Kollekte am ersten Sonntagvormittag vergessen: 85 Dollar. Die Gemeinde musste jeden Monat allein schon 232 Dollar für ihre Hypothek bezahlen, ganz zu schweigen von den laufenden Kosten oder dem Gehalt des Pastors.

Als die erste Hypothekenzahlung am Ende des Monats fällig war, hatten wir etwa 160 Dollar auf dem Gemeindekonto. Wir lange würde es dauern, bis die Gemeinde das Gebäude verlieren und auf der Straße stehen würde? An diesem Montag, meinem freien Tag, betete ich: »Herr, du musst mir helfen. Ich weiß nicht, was ich hier machen soll, aber eines weiß ich: Wir müssen diese Rate bezahlen.«

Ich kam am Dienstag wieder in die Gemeinde. »Vielleicht schickt ja einfach jemand unerwartet Geld«, sagte ich mir. »Bei George Mueller und seinem Waisenhaus in England passierte das doch so oft – er betete einfach und schon kam ein Brief oder ein Besucher und half ihm so aus der Not.«

Die Post kam – nur Rechnungen und Werbung.

Nun saß ich in der Falle. Ich ging hinauf in mein Büro, setzte mich an meinen kleinen Schreibtisch, senkte den Kopf und begann zu weinen.

»Gott«, schluchzte ich, »was soll ich machen? Wir können nicht einmal die Hypothek bezahlen.« An diesem Abend war Gottesdienst, aber ich wusste, dass mit Sicherheit nicht mehr als drei oder vier Leute kommen würden. Die Kollekte würde vermutlich weniger als zehn Dollar betragen. Wie sollte ich das durchstehen?

Ich schrie vielleicht eine Stunde lang zu Gott. Schließlich trocknete ich meine Tränen – und mir kam ein neuer Gedanke: *Moment! Abgesehen von dem Briefschlitz in der Eingangstür hat die Gemeinde noch ein weiteres Postfach. Ich werde mal über die Straße gehen und nachschauen, was da drin ist. Gott wird meine Gebete ganz sicher erhören!*

Mit neuer Zuversicht ging ich über die Straße, durchquerte das Postamt und sperrte das Postfach auf. Ich spähte hinein …

Nichts.

Als ich wieder hinaus in die Sonne trat, donnerten Lkws über die Atlantic Avenue. Wenn mich einer von ihnen überfahren hätte, hätte ich mich wahrscheinlich auch nicht anders gefühlt. Ich war am Boden zerstört. Gab Gott uns auf? Tat ich etwas, das ihm nicht gefiel? Ich trottete müde über die Straße zu unserem kleinen Gebäude.

Als ich die Tür aufsperrte, erwartete mich eine Überraschung. Auf dem Boden der Eingangshalle lag etwas, das drei Minuten vorher nicht da gewesen war: ein einfacher weißer Briefumschlag. Keine Adresse, keine Briefmarke – nichts. Nur ein weißer Umschlag.

Ich öffnete ihn mit zitternden Händen … und fand zwei 50-Dollar-Scheine.

Ich brüllte durch die leere Kirche: »Gott, du hast es geschafft! Du hast es tatsächlich geschafft!« Wir hatten 160 Dollar auf der Bank und mit diesen zusätzlichen 100 Dollar konnten wir die Hypothek bezahlen. Meiner Seele entfuhr ein lautes »Halleluja«. Was für eine Lektion für einen entmutigten Pastor!

Bis heute weiß ich nicht, von wem dieses Geld stammte. Ich weiß nur, dass es ein Zeichen für mich war, dass Gott nahe war – und auch in dieser Notlage immer bei uns.

Der Durchbruch

Unser überfüllter Terminkalender brachte uns beide an den Rand der Erschöpfung, und Carol und ich erkannten bald, dass wir uns für eine der beiden Gemeinden entscheiden mussten. Merkwürdigerweise begannen wir, uns zu Brooklyn hingezogen zu fühlen, obwohl unser einziges Gehalt von der Gemeinde in Newark kam. Bemerkenswerterweise legte Gott es uns beiden aufs Herz, uns für *Brooklyn Tabernacle* zu entscheiden. Irgendwie wussten wir, dass wir dorthin gehörten.

Jeder von uns suchte sich schnell einen zweiten Job – meine Frau in der Cafeteria einer Schule, ich als Basketballtrainer einer Schulmannschaft. Wir hatten keine Krankenversicherung; irgendwie brachten wir etwas zu essen auf den Tisch und bezahlten das Benzin für unser Auto, aber das war es auch schon.

Ich wusste nicht, ob dies zu den normalen Erfahrungen im Dienst zählte oder nicht; ich konnte mich an keinen vorgefassten Konzepten einer Bibelschule oder eines Seminars orientieren, weil ich so etwas nie besucht hatte. Wir tappten einfach so vor uns hin. Nicht einmal Carols Vater bot uns Rat und Hilfe an. Ich vermute, er dachte, wir würden mehr lernen, wenn wir erst einmal unsere eigenen Fehler gemacht hätten. Er sagte mir oft: »Jim, du musst mit Gottes Hilfe einfach deinen eigenen Weg finden, den Menschen zu dienen.«

An einem dieser Sonntagabende war ich so deprimiert von dem, was ich vor mir sah – und mehr noch von dem, was ich in mir spürte –, dass ich buchstäblich nicht predigen konnte. Nachdem ich fünf Minuten gepredigt hatte, blieben mir die Worte regelrecht im Hals stecken. Tränen stiegen mir in die Augen. Düstere Stimmung umfing mich. Ich konnte den Leuten nur sagen: »Es tut mir Leid … Ich … Ich kann in dieser Atmosphäre nicht predigen … Irgendetwas läuft hier völlig falsch … Ich weiß nicht, was ich sagen soll – ich kann nicht weitermachen … Carol, könntest du irgendetwas auf dem Klavier spielen, und wenn der Rest von Ihnen bitte hier nach vorne zum Altar kommen könnte? Wenn wir nicht endlich sehen, dass Gott uns hilft, dann weiß ich auch nicht …« Nachdem ich dies gesagt hatte, brach ich ab. Es war mir peinlich, aber ich konnte nichts anderes machen.

Die Leute kamen nach vorne. Ich lehnte mich auf die Kanzel, mein Gesicht in die Hände gestützt, und weinte. Zuerst war alles ruhig, aber bald wurden wir mit dem Geist Gottes erfüllt. Die Leute begannen, Gott mit bewegenden Worten anzurufen.

»Gott, hilf uns«, beteten wir. Carol spielte den alten Choral »Ich brauch dich, oh, ich brauch dich«, und wir

sangen ihn immer wieder. Es folgte eine Zeit der Fürbitte.

Plötzlich kam ein junger Mitarbeiter den Mittelgang
heruntergelaufen und warf sich vor dem Altar nieder. Er
begann zu weinen, als er betete.

Als ich ihm meine Hand auf die Schulter legte,
blickte er auf, die Tränen strömten ihm über das Gesicht, und er sagte: »Es tut mir Leid! Es tut mir so Leid!
Ich werde es nicht wieder tun. Bitte vergeben Sie mir.«
Mir war sofort klar, dass er sich dafür entschuldigte,
Geld aus der Kollekte genommen zu haben. Einen Augenblick lang machte mich sein unerwartetes Geständnis sprachlos.

An diesem Sonntag erlebten wir unseren ersten
geistlichen Durchbruch. Ich musste nicht nachforschen,
den Übeltäter mit seinem Fehlverhalten konfrontieren
oder ihn dazu zwingen, ein Geständnis abzulegen. An
einem einzigen Abend löste sich in einer Gebetszeit
unser Problem Nummer eins (von scheinbar tausend).

An diesem Abend war ich an meinem absoluten Tief-
punkt angekommen; ich war von vermeintlich unüber-
windbaren Hindernissen und von Dunkelheit umgeben,
völlig verwirrt und nicht mehr in der Lage, meine Predigt fortzusetzen. Doch in dieser Situation machte ich
eine für mich erstaunliche Entdeckung: Gott lässt sich
von Schwachheit anziehen. Er kann denen nicht wider-

Gott lässt sich von Schwachheit anziehen.
Er kann denen nicht widerstehen,
die demütig sind und ehrlich zugeben,
wie verzweifelt sie ihn brauchen.
Unsere Schwäche gibt ihm erst Raum,
uns seine Macht zu zeigen.

stehen, die demütig sind und ehrlich zugeben, wie verzweifelt sie ihn brauchen. Unsere Schwäche gibt ihm erst Raum, uns seine Macht zu zeigen.

Das Gleiche gilt auch für Menschen. Das Einzige, das hier zählt, ist Ehrlichkeit. Ich musste nicht den Schein aufrechterhalten, dass ich ein perfekter Pastor war. Ich musste das Wort Gottes einfach nur so gut predigen, wie ich konnte, und dann die Gemeinde zu Gebet und Anbetung aufrufen. Dann übernahm Gott die Leitung.

Diese demütigen Anfangserfahrungen sind mir sehr wichtig geworden. Sie zeigten mir, dass ich nicht etwas darstellen muss, das ich nicht bin. Jesus berief Fischer, und nicht Absolventen einer Rabbinerschule. Einzige Bedingung war Natürlichkeit und Aufrichtigkeit. Seine Jünger sollten völlig von ihrem Herrn und seiner Macht abhängig sein. Ebenso musste auch ich aufhören, pastorenhaft zu handeln – wie auch immer das aussah. Gott konnte den Menschen Jim Cymbala nur so gebrauchen, wie er war. Für mich war es ein großer Durchbruch, darauf vertrauen zu lernen, dass Gott meine natürliche Persönlichkeit gebrauchte. Gott hat Heuchelei und Verstellung schon immer verabscheut, vor allem auf der Kanzel. In dem Augenblick, in dem ich versuchte, eine bestimmte Haltung oder Pose einzunehmen, setzte ich im Grunde Gottes Handeln Grenzen.

Was ich jedoch tun konnte, war, mein Bibelstudium noch ernsthafter zu betreiben. Ich begann, mir eine Bibliothek mit theologischer Fachliteratur aufzubauen, und verbrachte jede Woche viele Stunden intensiv mit dem Wort Gottes. Aber ich würde nie ein zweiter John Wesley oder G. Campbell Morgan sein – das war offensichtlich. Ich musste meinen eigenen Stil finden und offen für und abhängig von Gott bleiben.

Auf Messers Schneide

Jede Woche schien eine neue Herausforderung mit sich zu bringen. Der Brenner des Heizungssystems fiel aus; die Reparaturkosten sollten 500 Dollar betragen. Leider erbrachten meine leidenschaftslosen Bemühungen als Spendensammler lediglich Zusagen über 150 Dollar. Ich dachte mehr denn je darüber nach, alles hinzuwerfen.

»Ich bin nicht dafür geschaffen«, sagte ich mir. »Ich habe kein Talent, Pastor zu sein. Ich habe nicht die richtige Stimme. Ich bin kein großer Redner. Ich sehe zu jung aus. Ich bin so müde …«

Weder Carol noch ich wussten, an wen wir uns mit der Bitte um Unterstützung wenden konnten. Meine Eltern lebten zwar in einem anderen Teil von Brooklyn, aber mein Vater hatte zu diesem Zeitpunkt große Alkoholprobleme, und meine Mutter war mit diesen Schwierigkeiten ausgelastet. Deshalb konnten wir nicht sehr auf Ermutigung und Unterstützung von ihrer Seite zählen.

Die Mutter von einem von Carols Freunden hörte, was wir machten, und kam an einem Sonntag vorbei. Sie sprach es nicht aus, aber man konnte erraten, was sie dachte: *Was macht ein nettes junges Paar wie ihr beide an diesem Ort?* Wir merkten schnell, dass der Großteil der weißen Mittelklasse-Christen aus anderen Teilen der Stadt weder unsere Räumlichkeiten noch die Gemeinde sehr anziehend fanden.

Einige der Mitglieder, die wir »geerbt« hatten, fielen so sehr aus dem Rahmen der Gemeinde, waren so mit sich und ihren eigenen Vorstellungen beschäftigt, dass ich schließlich zu beten begann, dass sie die Gemeinde verließen. Ein Mann informierte mich, dass auch er ordiniert sei und man ihm das Recht zugestehen solle, an den Sonntagabenden zu predigen. Ein Blick auf sein geistliches Leben ließ aber vielmehr das Gegenteil ratsam erscheinen.

Konfrontation war schlecht möglich, weil wir es uns kaum leisten konnten, Leute zu verlieren. Wenn aber diese Mitglieder in der Gemeinde blieben, wäre das Ergebnis beständige Uneinigkeit – und ich wusste, dass Gott ein solches Chaos nie mit der geistlichen Kraft segnen würde, die wir so verzweifelt brauchten. Einer nach dem anderen verließen diese Mitglieder die Gemeinde. Bei einigen Gelegenheiten half ich der Erhörung meiner Gebete nach, indem ich einigen Leuten vorschlug, den Gedanken in Erwägung zu ziehen, sich einer anderen Gemeinde anzuschließen. Ich lernte, dass ich als Pastor, genauso wie als Basketballtrainer, manchmal die Konfrontation suchen musste.

Trotz dieser Abgänge bestand die Gemeinde nicht mehr nur aus 20 Mitgliedern; sie wuchs sogar auf 40 bis 45 Besucher an. Die Finanzlage blieb jedoch weiterhin schwierig. Freunde stellten uns manchmal Tüten mit Lebensmitteln vor die Tür, wofür wir sehr dankbar waren. In meinem ersten Jahr in Brooklyn bekamen wir insgesamt 3 800 Dollar Gehalt (Der nationale Durchschnitt für einen Haushalt unserer Größe lag bei 14 000 Dollar!). Im zweiten Jahr steigerten wir uns auf immerhin 5 200 Dollar.

An mehr als einem Samstagabend im Winter dachte ich über die Tatsache nach, dass der Gottesdienstbesuch am nächsten Morgen wegen des Schnees vermutlich niedrig sein würde – die meisten unserer Mitglieder konnten sich kein Auto leisten. Das bedeutete auch eine geringere Kollekte. In solchen Augenblicken fragte ich mich, wie ich einen weiteren Sonntag überleben sollte. Ich hoffte sogar, dass durch irgendein Wunder am nächsten Morgen die Sonne schien.

Carol gründete einen kleinen Chor, der insgesamt aus neun Sängern bestand. Aber auch dort traten bald Probleme auf. Kaum hatte der Chor begonnen, in den Gottesdiensten zu singen, als ein unverheiratetes Mädchen aus dem Chor schwanger wurde und nicht mehr teilnehmen konnte.

Nachdem wir uns einige Sonntagabende zu Gebetszeiten um den Altar versammelt und die Leute sich daran gewöhnt hatten, zu Gott zu rufen, stiegen die Besucherzahlen auf 50 oder 60 an. Aber ich wusste, dass Gott noch viel mehr tun wollte ... und auch tun würde, wenn wir ihm guten Boden dafür bereiteten, in dem er arbeiten konnte. Ich hatte es satt, noch länger vor der Realität die Augen zu verschließen und eine Verhaltensweise an den Tag zu legen, die ich seit meiner Kindheit bei anderen nur allzu gut kannte – eine Verhaltensweise, die immer darauf schaut, was Gott irgendwann vor langer Zeit bei einer Erweckung getan hat, oder die leidenschaftlich »das Kommen von Gottes großartigem Wirken« in naher Zukunft voraussagt. Wie ich wusste, war die Wahrheit, dass es unzählige Gemeinden in der Stadt und im Land gab, die in einem Jahr keine 100 bekehrten Sünder getauft hatten und noch nicht einmal in mehreren Jahren zusammengenommen so viele Menschen erreicht hatten. Zu Gemeindewachstum kam es gewöhnlich nur, wenn jemand eine Gemeinde verließ und sich einer anderen anschloss. New York war ein hartes Missionsgebiet, aber eine solche Art von Wachstum war sicher nicht das, was Gott mit uns vorhatte.

Was wir stattdessen brauchten, waren frischer Wind in unserer Gemeinde und neues Feuer für unseren Glauben. Wir brauchten den Heiligen Geist, der das Leben der verzweifelten Menschen um uns herum veränderte. Alkohol- und Heroinmissbrauch waren in unserer Gegend an der Tagesordnung; auch LSD war ein Problem und Kokain begann gerade erst seinen heimtückischen Siegeszug. Nur ein paar Straßenzüge von der Gemeinde entfernt arbeiteten Prostituierte. Die Gegend verkam zusehends. Jeder, der es sich irgendwie leisten konnte, bemühte sich, aus dieser Umgebung wegzukommen.

Ich verzweifelte regelrecht bei dem Gedanken, dass mein Leben verfliegen könnte, ohne dass ich erlebt hatte, wie sich Gottes Macht bei uns zeigte. Carol und ich wollten nicht einfach nur auf der Stelle treten. Ich sehnte mich nach Veränderung und schrie deswegen zu Gott – ich sehnte mich nach Veränderung für mich, für die Gemeinde, für unser Herz für Menschen, für unser Gebetsleben.

Eines Tages sagte ich Gott, dass ich lieber sterben als während meines ganzes Dienstes als Pastor nur Wasser treten wollte … dass ich es satt hatte, immer nur über die Macht des Wortes und des Geistes zu predigen, aber nie etwas davon zu sehen bekam. Ich schreckte vor dem Gedanken zurück, einfach nur mehr Gottesdienste in der Gemeinde anzubieten. Ich sehnte mich danach, dass Gott in unserem Leben und unserem Dienst einen Durchbruch schenkte!

Die Verheißung

Etwa zu dieser Zeit bekam ich einen Husten, der einfach nicht weggehen wollte. Ich hustete sechs Wochen lang so stark, dass Carol nachts kaum noch Schlaf finden konnte. Jeden Tag spuckte ich Schleim.

Meine Schwiegereltern machten sich solche Sorgen um mich, dass sie mir den Flug nach Florida bezahlten, damit ich mich in der warmen Sonne erholen konnte.

Ich machte mich dankbar auf den Weg. Der einzige Wermutstropfen war, dass ich Carol und die zweijährige Chrissy zurücklassen musste.

Eines Tages fuhr ich zusammen mit 20 oder 30 Touristen auf einem Fischerboot aufs Meer hinaus. Der Himmel war strahlend blau, das warme Wasser des Golfs von Mexiko plätscherte sachte an den Sandstrand. Möwen kreischten und flogen im Sturzflug um uns herum. Die Sonne tat meiner Lunge gut.

Als wir ins tiefere Wasser kamen, lachten und redeten die anderen über die Fische, die sie an diesem Nachmittag zu fangen hofften. Auch ich hielt eine Angel in der Hand … aber in Gedanken war ich an einem anderen Ort. Ich ging ans Ende des Bootes, weg von den anderen, und starrte auf den weiten Horizont.

Ich ließ mir die vielen Konzepte und Strategien, die ich über Gemeindewachstum gehört und gelesen hatte, durch den Kopf gehen. Ein christlicher Leiter hatte mir einmal gesagt: »Vergiss das institutionelle Gemeindegebäude; heutzutage spielt sich alles bei Treffen in Privathäusern ab. Du kannst dein Gemeindehaus ebenso gut verkaufen. Gott macht etwas völlig Neues.«

Eine ehemals große und alteingesessene Baptistengemeinde, die nur ein paar Häuserblocks von uns entfernt lag, hatte viel Geld in einen ganzen Fuhrpark von Bussen investiert, um möglichst viele Kinder in die Gemeinde bringen zu können. Das Resultat waren hohe Versicherungen, chronischer Vandalismus und eine Gemeinde, in der sich nichts verändert hatte.

Ich hatte größere Gemeinden besucht, die sich darauf zu konzentrieren schienen, säkulare Redner und Musiker einzuladen, die gerade »in« waren. Das half dabei, die Gemeinde besser zu verkaufen – zumindest gegenüber anderen Christen. Wie einer der Pastoren sagte:

»Ich ›stehle‹ keine Schafe aus anderen Gemeinden, aber ich lasse meine Tore gerne weit offen stehen.«

Egal, ob das nun ein angemessener Ansatz war oder nicht, er kostete Geld; also schied er für unsere Gemeinde aus. Niemand würde für das magere Honorar, das wir ihm bieten konnten, nach Brooklyn kommen. Außerdem hatten Carol und ich voreinander offen zugegeben, dass *Brooklyn Tabernacle* zum Untergang verurteilt war, wenn Gott nicht eingriff. Wir konnten nichts tun. Wir konnten uns unseren Weg aus der Misere nicht bahnen, indem wir Dinge organisierten, vermarkteten oder irgendwelche Programme durchzogen. Die peinliche Wahrheit war, dass manchmal nicht einmal *ich* Lust hatte, zum Gottesdienst zu kommen. So schlecht standen die Dinge zu diesem Zeitpunkt.

Das Einzige, das uns noch helfen konnte, war das Eingreifen Gottes – oder wir würden untergehen.

»Herr, ich habe keine Ahnung, wie ich ein erfolgreicher Pastor werden kann«, betete ich während meines Florida-Aufenthaltes da draußen auf dem Wasser. »Mir fehlt einfach die nötige Ausbildung. Ich weiß nur, dass Carol und ich mitten in New York arbeiten und um uns herum sterben die Menschen an einer Überdosis Heroin, sind vom Materialismus völlig gefangen und so weiter. Wenn das Evangelium eine so große Macht hat …«

Ich konnte meinen Satz nicht beenden. Die Tränen stiegen mir in die Augen. Zum Glück waren die anderen auf dem Boot zu weit weg und damit beschäftigt, ihre Angelschnüre im braungrünen Wasser zu beobachten.

Dann hörte ich leise, aber nachdrücklich die Worte tief in meinem Geist. Ich spürte, dass Gott zu mir sprach: »Wenn du und deine Frau mein Volk dazu anleiten, zu mir zu beten und meinen Namen anzurufen, dann wird es dir nie an etwas mangeln, worüber du predigen kannst. Ich werde euch mit so viel Geld versorgen, wie ihr braucht, sowohl für die Gemeinde als auch für deine Familie, und ihr werdet nie ein Gebäude besitzen, das groß genug ist, um all die Menschen zu fassen, die ich zu euch bringen werde.«

Ich war überwältigt. Meine Tränen flossen stärker. Ich warf einen Blick zu den anderen Mitreisenden, die immer noch mit Angeln beschäftigt waren. Niemand schaute in meine Richtung.

Ich wusste, dass ich Gottes Stimme gehört hatte, auch wenn ich keine merkwürdige Vision, nichts Sensationelles oder Besonderes erlebt hatte. Gott stieß mich einfach auf die einzige Lösung für unsere Situation – genau genommen auch für die Situation jedes anderen. Sein Wort an mich gründete tief in unzähligen Verheißungen, die an vielen Stellen in der Bibel wiederholt werden; solche Versprechen hatten im Laufe der Geschichte immer wieder Erweckungen durch den Heiligen Geist ausgelöst. Durch solche Verheißungen ließen sich Charles G. Finney, D. L. Moody, A. B. Simpson und andere Männer und Frauen machtvoll gebrauchen. Es war nichts Neues für mich, aber nun nahm Gott mich heraus und ließ mich seine Macht selbst erfahren. Er sagte mir, dass meine Sehnsucht nach ihm und seiner verändernden Macht gestillt werden würde, wenn ich meine winzige Gemeinde dazu brachte, ihn im Gebet anzurufen.

Als das Boot später an diesem Nachmittag wieder anlegte, fühlte ich eine wunderbare Ruhe in mir. Ein paar Tage später flog ich nach New York zurück. Äußerlich war ich noch derselbe junge Pastor, der ich immer gewesen war. Aber alle modernen Trends und neuen Konzepte über Gemeindewachstum waren jetzt für mich unwichtig geworden. Gott hatte versprochen, uns zu versorgen und auf unser Rufen nach göttlicher Hilfe zu antworten. Wir standen nicht alleine da bei dem Versuch, das Unmögliche in einer herzlosen Welt zu versuchen. Gott war an unserer Seite und er würde sich für uns einsetzen.

Eine unglaubliche Begeisterung erfasste mich. Ich freute mich sogar auf den nächsten Sonntagmorgen in der Atlantic Avenue.

Kapitel 2

Eine Gemeinde »fängt Feuer«

W illkommen zu Hause, Pastor Cymbala«, begrüßten mich die Leute, als sie mich an diesem Morgen sahen. »Hatten Sie eine gute Zeit in Florida? Was macht Ihr Husten?«

Ich entgegnete ihnen, dass mein Husten schon viel besser sei, aber innerlich konnte ich es kaum erwarten, ihnen etwas weit Wichtigeres mitzuteilen. Schon kurz nach Beginn des Gottesdienstes sagte ich: »Brüder und Schwestern, ich habe das Gefühl, dass Gott mir etwas über die Zukunft dieser Gemeinde gesagt hat. Während ich in Florida war, bat ich Gott, uns dabei zu helfen – *mir* dabei zu helfen – zu erkennen, was er sich am meisten von uns wünscht. Und ich glaube, ich habe auch eine Antwort darauf bekommen.

Es ist nichts Ausgefallenes oder Spektakuläres und auch keine grundlegende Veränderung. Aber ich möchte Ihnen heute in aller Ernsthaftigkeit sagen: Von nun an werden die Gebetszusammenkünfte das Barometer unserer Gemeinde sein. Was am Dienstagabend geschieht, wird das Maß für jeden Erfolg oder Misserfolg sein, denn das wird das Maß sein, nach dem Gott uns segnet.

Wenn wir Gott anrufen, dann wird er uns antworten, denn das hat er uns in seinem Wort versprochen. Dann wird er die Menschen zu sich ziehen, die ihn noch nicht kennen, und er wird uns mit seinem Heiligen Geist

29

erfüllen. Wenn wir ihn nicht anrufen, dann wird auch nichts passieren – überhaupt nichts. So einfach ist das. Egal, was ich predige oder was uns unser Verstand sagt: Die Zukunft wird von unseren Gebetszeiten abhängen.

Das ist der Motor, der die Gemeinde antreiben wird. Ja, ich möchte, dass Sie weiterhin am Sonntag zum Gottesdienst kommen – aber das Entscheidende wird am Dienstagabend geschehen. Carol und ich haben uns für diese Vorgehensweise entschieden, und ich hoffe, Sie werden sich uns anschließen.«

Ein Pastor aus Australien (oder vielleicht auch Neuseeland) war zufällig an diesem Vormittag im Gottesdienst – ein seltenes Ereignis. Ich stellte ihn vor und lud ihn ein, ein paar Worte zu sagen. Er kam nach vorne und gab nur den folgenden Kommentar ab: »Ich habe gehört, was Ihr Pastor eben gesagt hat. Ich möchte Ihnen noch etwas mitgeben, über das Sie nachdenken sollen: An der Anzahl der Leute, die am Sonntagvormittag zum Gottesdienst kommen, kann man ablesen, wie populär eine Gemeinde ist. An der Anzahl der Leute, die am Sonntagabend zum Gottesdienst kommen, kann man ablesen, wie populär der Pastor oder Evangelist ist. An der Anzahl der Leute, die zur Gebetsversammlung kommen, kann man ablesen, wie populär Jesus ist.«

Und mit diesen Worten ging er wieder auf seinen Platz. Das war alles, was er sagte. Ich sah ihn nie wieder.

Der Neuanfang

Falls Sie glauben, dass meine Worte an die Gemeinde seltsam und anmaßend klangen: Bedenken Sie, dass sie sich nicht sehr von dem unterschieden, was Charles

Haddon Spurgeon, der große britische Prediger, fast genau 100 Jahre zuvor in einer Predigt gesagt hatte:

>*Der Zustand einer Gemeinde lässt sich sehr genau an ihren Gebetsversammlungen messen. Die Gebets-versammlung ist ein Gnaden-o-meter, von dem wir das Wirken Gottes unter den Menschen ableiten können. Wenn Gott einer Gemeinde nah sein soll, muss diese Gemeinde beten. Und wenn er einer Gemeinde nicht nah ist, ist eines der ersten Zeichen seiner Abwesen-heit eine Trägheit im Gebet*< (Tom Carter, *Spurgeon at His Best,* Grand Rapids, Baker, 1988, S. 155).

Am ersten Dienstagabend kamen 15 bis 18 Leute. Ich hatte mir keinen besonderen Plan und kein bestimmtes Programm zurechtgelegt. Ich stand einfach auf und führte die Leute in eine Zeit, in der wir Lieder sangen und Gott anbeteten. Darauf folgte eine ausgedehnte Ge-betszeit. Ich spürte neue Einheit und Liebe unter uns und Gott schien uns miteinander zu verbinden. Ich hielt auch keine normale Predigt; wir spürten einfach eine neue Freiheit, auf die Gegenwart Gottes zu warten und darauf, dass er zu uns sprach.

In den folgenden Wochen waren deutliche Antwor-ten auf unsere Gebete zu erkennen. Allmählich kamen neue Leute in die Gemeinde, die Talente und Fähigkei-ten mitbrachten, die uns weiterhelfen konnten. Ver-wandte, die Gott noch nicht kannten, und völlig Fremde kamen. Wir bezeichneten uns intern als »Notaufnahme des Heiligen Geistes«, wo Menschen mit einem geistli-chen Trauma Heilung erfahren konnten. In den meisten Krankenhäusern ist die Notaufnahme nicht so schön ausgestattet wie der Rest des Hauses, aber sie ist sehr effizient darin, Leben zu retten.

Wir waren ein erstklassiges Beispiel für das, was der große schottische Andachtsschreiber Andrew Bonar im Jahr 1853 erkannt hatte:

> »*Gott möchte, dass sein Volk erkennt, dass die einzige Hoffnung im Gebet liegt. Darin liegt die Macht der Kirche gegen die Welt*« (Andrew A. Bonar, *Heavenly Springs*, Carlisle, PA, Banner of Truth Trust, 1904, S. 15).

Woche für Woche ermutigte ich die Leute zu beten. Und wie Samuel Chadwick vor langer Zeit einmal sagte, besteht die größte Antwort auf Gebet in noch mehr Gebet.

Wir kamen nicht zusammen, um einander beim Formulieren eloquenter Gebete zuzuhören; dazu waren wir zu verzweifelt. Wir konzentrierten uns auf die Vertikale, auf Gott, und nicht auf die Horizontale, also aufeinander. Einen Großteil der Zeit riefen wir als ganze Gruppe zu Gott, wobei wir alle gleichzeitig laut beteten, was wir auch noch heute praktizieren. Manchmal reichten wir uns die Hände und bildeten Gebetskreise, oder einzelne Leute, die bestimmte Anliegen hatten, sprachen diese laut aus.

Die Form eines Gebetstreffens ist bei Weitem nicht so entscheidend wie das Wesentliche – der Inhalt: den Allmächtigen zu berühren, mit dem ganzen Sein nach ihm zu rufen. Ich war schon in lautstarken Gebetsversammlungen, die überwiegend Show waren. Ich habe stille Gebetszeiten in Gruppen erlebt, die zutiefst geistlich waren. Die Atmosphäre eines Treffens kann variieren; wichtig ist, dass wir dem Gott des Universums begegnen, und nicht nur einander.

Ich entspannte mich allmählich auch in den Sonntagsgottesdiensten und hörte auf, sie mit einem festen

Programm unter Kontrolle zu halten. Die übliche Form – zwei Lieder, Ansagen, eine Einlage vom Chor, Kollekte, dann die Predigt, und am Ende der Segen – wurde mehr und mehr aufgebrochen, als Gott mich lockerer machte. Ich musste nicht mehr so nervös, verkrampft oder unecht sein. Ich hatte mich nur aus lauter Angst geschützt.

> Sie sehnten sich einfach nach Liebe. Sie wollten wissen, dass Gott sie annehmen und ihnen eine zweite Chance geben würde.

Die Leute wollten keine kunstvollen Predigten oder organisatorischen Hochglanz. Sie sehnten sich einfach nach Liebe. Sie wollten wissen, dass Gott sie annehmen und ihnen eine zweite Chance geben würde.

Als die Leute Gott näher kamen, die Fülle des Heiligen Geistes erlebten und ihre erste Liebe zu Gott wiederentdeckten, begannen sie, ganz natürlich am Arbeitsplatz, bei ihren Nachbarn und in ihren Familien darüber zu sprechen. Schon bald brachten sie neue Leute mit in die Gemeinde.

Von dieser Zeit an bis heute – zwei Jahrzehnte später – sind die Besucherzahlen in unserer Gemeinde niemals rückläufig gewesen. Dafür danke ich Gott. Durch seine Gnade entstand in der Gemeinde nie eine Gruppe, die sich abspalten wollte. Gott schickte uns beständig Menschen, die Hilfe brauchten, und oft ist es mir ein Rätsel, wie sie von unserer Gemeinde erfahren haben.

Die Kollekte wuchs so sehr an, dass wir einige Reparaturen an unserem Gemeindegebäude vornehmen konnten. Wir ersetzen die baufälligen Bänke durch Fiberglasstühle, die miteinander verbunden waren. Was aber wichtiger war: Die Menschen begannen, die Gegenwart Gottes an diesem bescheidenen Ort zu spüren. Sie fühlten sich geliebt. Menschen, die ihre Herzen vorher verschlossen hatten, kamen und brachen während der Lieder weinend zusammen. Und auch die Mitgliederzahlen unseres Chors begannen zu steigen.

Der Klang der Freude

Carol liebte Musik schon, seit sie ein Teenager war. Diese Liebe kam nicht von ungefähr: Ihr Vater war vor seiner Umkehr Opernsänger gewesen und ihre Großmutter Pianistin.

Da sie in der Stadt aufwuchs, bedeutete dies, dass sie die Klänge vieler Kulturen in sich aufnahm. In ihrem Kopf mischten sich Klassik und Gospel, skandinavische Choräle mit zeitgenössischer Anbetungsmusik und karibischen Rhythmen. Als sie 16 oder 17 Jahre alt war, träumte sie davon, eines Tages einmal einen großen Chor zu leiten – keinen steifen, förmlichen Chor, sondern einen lebendigen Chor mit ganz gewöhnlichen Menschen.

In der Gemeinde hatte Carol keinen kompetenten Musiker, also musste sie gleichzeitig Klavier spielen und den Chor leiten. Sie konnte keine Noten lesen, deshalb überlegte sie sich die Stücke im Kopf und brachte sie dem Chor auswendig bei. Trotzdem wuchs die Zahl der Sänger und erreichte schließlich etwa 50. Die Bühne war schon lange nicht mehr groß genug, um sie alle zu fassen, so standen sie alle einfach vor der Gemeinde und sangen und überfluteten das kleine Gebäude gleichsam mit ihrer Musik.

Chorproben fanden freitagabends statt. Das mag einige Leser überraschen, die der Ansicht sind, dass andere Wochenendaktivitäten eine zu starke Konkurrenz dafür wären. Aber in der Stadt sieht der Terminkalender anders aus; unter der Woche sind die Leute mit ihren Jobs beschäftigt und verbringen als Pendler viel Zeit in Zügen, Bussen und U-Bahnen. Wenn der Freitagabend kommt, entspannen sie sich, weil sie wissen, dass sie am nächsten Tag nicht so früh aufstehen müssen.

Carol begann die Chorproben mit einer halben Stunde Gebet und Anbetung. Oft fühlte sich jemand geführt, ein Zeugnis zu geben oder einen Text aus der Bibel vorzulesen. An vielen Abenden war die meiste Zeit mit Gebet und Anbetung gefüllt; an manchen Abenden kam der Chor überhaupt nicht zum Singen.

Diese Erfahrung veränderte die Einstellung der Mitglieder. Der Chor führte nicht einfach vor der Predigt zwei besondere Chorstücke auf, sondern war am übergeordneten Dienst der Gemeinde beteiligt.

Die Mitglieder der Band besaßen ebenso wenig eine entsprechende Ausbildung wie Carol. Joey Vanquez, der Bass spielte, lernte sein Instrument »on the Job«. Er hatte eines Tages bei einem Freund auf einer Bassgitarre herumgezupft; bei der Chorprobe am nächsten Abend sagte dieser Freund im Scherz, dass Joey spielen könne. Carol ging davon aus, dass der Freund es ernst meinte, und »engagierte« Joey. So begann seine Karriere als Bass-Spieler und er ist heute noch ein Teil der Gemeinde.

Auch Michael Archibald, unser Schlagzeuger aus Trinidad, hat nie Unterricht gehabt. Unser Organist Jonathan Woodby (unserer Ansicht nach einer der besten in ganz Amerika) kann keine Noten lesen. Und doch waren diese beiden Männer an zwei Alben beteiligt, die einen *Grammy* gewannen.

Der Chor spielte eine entscheidende Rolle, als wir monatliche Veranstaltungen in Zusammenarbeit mit *Teen Challenge* durchführten, einer Arbeit, die sich um Drogenabhängige und Gangmitglieder kümmert und 1958 von David Wilkerson in Brooklyn gegründet wurde. Gemeinsam mit *Teen Challenge* mieteten wir eine große Baptistengemeinde an. Am ersten Abend zeigten wir einen Film, der die Geschichte des berüchtigten Bandenbosses Nicky Cruz schilderte, der zum Glauben gekommen war. Der Andrang war so groß, dass wir den Film an diesem Abend dreimal zeigen mussten, damit jeder eine Chance hatte, ihn zu sehen.

Das nächste Mal kam Nicky selbst als Redner. Er war ein Symbol für das, was wir in unserer Gemeinde erleben wollten: dass Gott Menschen, die die Hoffnung verloren haben, ja sogar verrückt sind, annimmt und verändern kann. Ich wusste, dass es in vielen Gemeinden Lippenbekenntnis ist, dass Gott alles tun kann. Aber wir brauchten den realen Glauben, dass jeder, der hereinkam, ganz unabhängig von seinen Problemen, ein Zeichen dafür werden konnte, wie groß Gottes Gnade ist. Seit jenem Abend ist Nicky mein Freund und häufiger Gast in unserer Gemeinde.

Als sich mehr Gemeinden an den Veranstaltungen beteiligten, gründete Carol den multinationalen *New York Challenge Choir*, der aus dem Chor unserer Gemeinde und Menschen aus anderen Gemeinden bestand, die mitsingen wollten. Auf diese Weise kamen über 80 Mitglieder zusammen.

Etwa um diese Zeit schrieb Carol ihren ersten Song. Sie übernahm eine bekannte Weihnachtsgeschichte und erfand eine Melodie dazu. Sie wusste auch hier nicht, wie sie die Noten aufschreiben sollte, also brachte sie dem Chor das Stück auswendig bei.

Eine Gemeinschaft aus Liebe und Gebet

Für uns ist es immer wieder erstaunlich zu sehen, wie unterschiedlich die Menschen sind, die in der *Brooklyn Tabernacle*-Gemeinde zu Jesus finden. Es kamen Drogenabhängige, Prostituierte und Homosexuelle. Aber auch Anwälte, Geschäftsleute und Busfahrer, die Gott nicht kannten, fanden hier zu ihm. Wir hießen sie alle willkommen.

Es kamen Lateinamerikaner, Afroamerikaner, Leute aus der Karibik, Weiße usw. Wenn die Leute erst einmal vom Heiligen Geist berührt wurden, begannen sie, auch die anderen Rassen und Typen als Schöpfung Gottes zu sehen. Statt über Homosexuelle zu schimpfen, begannen wir, für sie zu beten. Die Leute nahmen teilweise Fahrtstrecken von 30 oder 40 Minuten auf sich, um zu uns zu kommen. Der Vorteil – vielleicht der einzige – unserer Lage mitten in Brooklyn war, dass die Anbindung an die öffentlichen Verkehrsmittel ausgezeichnet war. Das hieß, dass uns Leute aus Manhatten, Queens, der Bronx und aus anderen Stadtteilen leicht mit U-Bahn und Bussen erreichen konnten. Im Laufe der Zeit kamen 150 bis 175 Besucher zu den Gottesdiensten am Sonntagmorgen, zu den Gebetsversammlungen etwa 100. In der Gemeinde waren Leben, Freude, ein Gefühl von Familie und Liebe zu spüren. Wenn eine Veranstaltung zu Ende war, hatten die Leute es nicht eilig, wegzukommen; sie standen herum, beteten und unterhielten sich miteinander.

Wir besaßen keine Klimaanlage, deshalb standen an heißen Sommertagen alle Fenster offen, und die Leute saßen sogar auf den Fensterbrettern. An einem sehr heißen Sonntagabend hatte ich den Eindruck, dass ich das Lied »Stille Nacht, heilige Nacht« anstimmen sollte, um unserer Liebe zu Jesus Ausdruck zu verleihen. Ein Betrunkener ging vorbei und blieb stehen, um zuzuhören. Später erzählte er mir, dass er sich in seinem umnebelten Gehirn gesagt hatte: »Dieses Alkoholproblem läuft völlig aus dem Ruder. Jetzt höre ich schon Weihnachtslieder. Ich glaube, ich gehe besser mal in diese Kirche und bitte um Hilfe!« Und es waren Menschen da, die ihn aufnahmen und sich um ihn kümmerten.

Auch geistig behinderte Menschen konnten vorbeikommen. Austin, der erst vor kurzem aus einer entsprechenden Einrichtung entlassen worden war, kam in die Gemeinde. Eines Sonntags sagte er zu einer Frau etwas sehr Vulgäres. Als ich ihn am Dienstag anrief und sagte, dass wir so etwas in der Gemeinde nicht tolerierten, meinte er: »Oh, wirklich? Dann muss ich mich wohl mit meinen Jungs um Sie kümmern.« Er war ein wahrer Bär von einem Mann, deshalb nahm ich seine Drohung ernst.

Ich erwiderte: »Austin, Sie können sich gerne um mich kümmern, aber nicht mit Ihren Jungs – und so wie Sie sich verhalten, habe ich meine Zweifel, dass Sie irgendwelche Jungs an der Hand haben.«

Ich wies den Begrüßungsdienst der Gemeinde an, mich zu verständigen, wenn er wiederkam – und auch umgehend die Polizei zu verständigen. An diesem Abend tauchte Austin wieder auf. Ich verließ die Gebetsversammlung und ging hinaus, um mit ihm zu reden – und Zeit zu schinden. Bald stürzten Polizisten zur Tür herein und nahmen ihn mit. Ich hätte Anzeige gegen ihn erstatten können, aber ich verzichtete darauf. Stattdessen ging ich wieder zurück in die Gebetsversammlung. Solche Ereignisse waren regelmäßiger Teil meiner Arbeit in diesem Teil der Stadt.

Wie man sich vorstellen kann, war die Kollekte nie sehr hoch. Das lag vor allem an den Menschen, denen

.

wir dienten – allein erziehende Müttern, Menschen, die von der Sozialhilfe lebten, Menschen, die versuchten, von Drogen loszukommen. Aber es kamen auch Menschen in die Gemeinde, die in gesicherten Verhältnissen lebten und die der sozioökonomische Mix unserer Gemeinde nicht störte.

Da ich Basketballspieler war, kam mir nie in den Sinn, Menschen nach ihrer Hautfarbe zu beurteilen. Wenn man spielen kann, dann kann man spielen – und das hat nichts mit der Hautfarbe zu tun. Aber leider scheint in Amerika mehr Offenheit, Akzeptanz und Teamarbeit in der Sporthalle zu herrschen als in der Kirche Jesu Christi.

Raumprobleme

Etwa 1977 versuchten sonntagmorgens mehr Menschen Platz in den Bankreihen zu finden, als vorhanden war. Einen Häuserblock von unserer Gemeinde entfernt besaß der CVJM einen Saal, der 400 bis 500 Menschen fassen konnte. Wir konnten diesen Saal für den Sonntagvormittag mieten und schleppten nun jede Woche unsere Musikanlage und andere Dinge hin und her. Die Fenster waren zugemalt und der Raum hatte keine Klimaanlage. Oft mussten wir den Saal am Sonntagvormittag erst einmal auskehren, bevor wir die Stühle für den Gottesdienst stellen konnten.

Aber zumindest hatten wir einen Raum, den wir nutzen konnten, und so mieteten wir das Gebäude für zwei Jahre an. Unsere beiden jüngeren Kinder Susan und James haben ihre ersten Erinnerungen an die Gemeinde aus diesem Raum. Ich erinnere mich, wie ich einmal während des Singens an einem Sonntagmorgen umherschaute und zu meinem Schrecken meine akrobatisch begabte Vorschultochter in einer Ecke des Saales auf parallel liegenden Balken Räder schlug. So viel zum Thema »perfekte Pastorenkinder«!

Als Lanny Wolfe, ein bekannter Gospelsänger und Songwriter, einen Gottesdienst besuchte, war er vom Chor begeistert, der nun rund 100 Mitglieder zählte. Er ermutigte Carol, weitere Lieder zu schreiben.

»Sie haben ein eklektisches Gespür, das völlig anders ist«, sagte er. »Die Stücke, die Sie schreiben, sind völlig anders als alles, was ich, Billy Gaither oder jeder andere schreiben würde.« Seine Ermutigung bedeutete uns beiden sehr viel.

Seit dieser Zeit ist Carols Musik durch das ganze Land gegangen und wird in Gemeinden jeglicher Prägung gesungen. Nachdem eine Million Notenblätter ihrer Lieder verkauft waren, verlieh ihr *Word Music* 1994 eine Auszeichnung. Witzigerweise hat die *Tabernacle*-Gemeinde kein einziges Exemplar erworben – es wäre verschwendet an einen Chor, der ohne Noten arbeitet.

Die Veranstaltungen im CVJM abzuhalten war nur eine Übergangslösung, damit alle Besucher am Sonntag Platz finden konnten. Aus diesem Grund erwarben wir schließlich einen Bauplatz auf der gegenüberliegenden Straßenseite, in der Hoffnung, dort einmal ein neues Gebäude errichten zu können. Das war für uns ein riesiger Glaubensschritt, aber Gott versorgte uns mit Spenden.

Wir setzten einen Termin zur Grundsteinlegung an, begeistert von dem Gedanken, ein neues Haus, eine dauerhafte Heimat zu bauen. Doch an diesem besonderen Sonntag regnete es so stark, dass wir nicht nach draußen gehen und den ersten Spatenstich setzen konnten. Völlig enttäuscht zogen wir uns an diesem Abend in den CVJM-Saal zurück.

Aber in dieser Versammlung machte uns Gott deutlich, dass er nicht den Boden auf der anderen Straßenseite aufbrechen wollte. Stattdessen wollte er unsere Herzen aufbrechen und seine Kirche auf diesem Grund bauen.

Wie sich später herausstellte, war der Wolkenbruch also reine Vorsehung. Ein paar Monate später stand ein großes Theater mit 1 400 Sitzplätzen an der Flatbush Avenue, der in Nord-Süd-Richtung verlaufenden Hauptverkehrsader von Brooklyn, zum Verkauf. Es sollte nur 150 000 Dollar kosten.

Wir konnten unseren Bauplatz mit Gewinn verkaufen. Aber wir mussten auch unser heruntergekommenes Gebäude in der Atlantic Avenue verkaufen, um das Theater finanzieren zu können. Einige Pastoren anderer Gemeinden kamen und schauten sich das Haus an und schienen ernsthaft daran interessiert zu sein. Wir einigten uns auf einen Preis – nur, um später zu erfahren, dass sie sich nicht einmal die Mühe gemacht hatten, sich um einen Kredit zu bemühen. Inzwischen bestand schon die Gefahr, dass wir die Option auf das Theater verlieren könnten.

Unsere Träume drohten zu zerplatzen. Bei einer Gebetsversammlung an einem Dienstagabend vertrauten wir Gott das Problem an und flehten um Rettung in letzter Minute.

Am Mittwochnachmittag klingelte es an der Tür der Gemeinde. Ich ging hinunter, um zu öffnen. Draußen stand ein gut gekleideter Fremder, der, wie sich herausstellte, ein Geschäftsmann aus Kuwait war. Er kam herein und schaute sich um, während ich den Atem anhielt, als er die krummen Wände, die schmuddeligen Toiletten und die fragwürdigen Installationen zu genau in Augenschein nahm. Die Decke im Keller hing so niedrig, dass ich fürchtete, er könnte sich den Kopf an den herunter hängenden Rohren anstoßen.

»Wie viel möchten Sie für das Haus haben?«, fragte er.

Ich räusperte mich und antwortete schwach: »95 000.«

Er überlegte kurz und sagte dann: »Das ist ein fairer Preis.«

Ich war geschockt!

Er fuhr fort: »Abgemacht.«

»Äh, nun, wie lange wird es dauern, bis Sie alles mit der Bank geregelt haben?« Ich machte mir immer noch Sorgen, dass unsere Option auf das Objekt an der Flatbush Avenue ablaufen würde, bevor wir das Geschäft abgeschlossen hatten.

»Keine Bank, nichts«, antwortete er schroff. »Lassen Sie Ihren Anwalt meinen Anwalt anrufen – hier sind der Name und die Telefonnummer. Ich werde bar zahlen.« Und mit diesen Worten verschwand er.

Wieder einmal wurden unsere Gebete auf überraschende Weise erhört.

Gott hatte eine Gruppe von Leuten zusammengeführt, die beten wollten und glaubten, dass für ihn nichts unmöglich war. Egal, welche Hindernisse uns im Weg standen, egal, welche Angriffe kamen, egal, wie wild die Stadt Ende der 70er Jahre wurde – als Kokain das Heroin ablöste und später Crack das Kokain –, Gott konnte immer noch Menschen verändern und vom Bösen befreien. Er baute seine Kirche in einer schwierigen Gegend, aber solange Menschen um seinen Segen und seine Hilfe baten, war er voll und ganz bereit zu antworten.

Kapitel 3

Ein Lied für die Verzweifelten

Auch wenn das Theater in der Flatbush Avenue ein Schatz für uns zu sein schien, war es doch in einem miserablen Zustand. Wir mussten über 250 000 Dollar in Instandsetzungsmaßnahmen investieren, bevor wir im Januar 1979 einziehen konnten. Zu diesem Zeitpunkt setzte auch die rasante geistliche Entwicklung ein.

Wir waren noch kein Jahr an der Flatbush Avenue, als jemand auf uns zukam, der Verbindungen zu einem Tonstudio in Manhatten hatte. Er schlug vor, dass der Chor ein Demoalbum aufnehmen solle – eine günstige Produktion für den Eigenbedarf. Wir setzen diesen Vorschlag 1980 um, wobei Carol drei oder vier der zehn Titel komponierte.

Irgendwie landeten einige Kopien davon in Nashville und Musikfirmen traten an uns heran. *Word Music* präsentierte das Album und bot es im ganzen Land zum Verkauf an. Bald baten sie uns, zwei weitere Alben aufzunehmen. Der Chor machte schließlich Aufnahmen mit allen bekannten Musikern von Larnelle Harris über Babbie Mason bis Wayne Watson, den Talleys und Morris Chapman, dem Lobpreisleiter von der Westküste.

Aber es war auch nichts Ungewöhnliches, wenn der Chor während der Sonntagsgottesdienste mit einer solchen Salbung sang und Zeugnis gab, dass der Heilige

Geist die Gottesdienstbesucher erfüllte und die Richtung des Gottesdienstes völlig änderte. An einem Sonntag hatte der Chor zum Beispiel geplant, drei Lieder zu singen. Um zum zweiten Lied überzuleiten, erzählte ein ehemaliger Drogenabhängiger seine Geschichte. Gottes Liebe war dabei so stark zu spüren, dass ich nach dem Ende des Liedes nicht anders konnte, als aufzustehen, einen Arm um diesen Mann zu legen und die Leute direkt an dieser Stelle dazu einzuladen, Christus in ihr Leben aufzunehmen. Die Reaktion war überwältigend.

Der Chor kam nie dazu, das dritte Lied zu singen – aber *warum sollten wir an einer bestimmten Gottesdienstordnung festhalten, wenn Menschen dazu bereit sind, sich für Gott zu entscheiden?* Gott konnte den Chor oder auch jeden anderen Menschen dazu gebrauchen, den Gottesdienst zu einer Gebetsversammlung umzufunktionieren, wenn er das wollte.

Zurück von den »Toten«

Unter den vielen Menschen, die Gott in jenen Tagen veränderte – vor allem durch den Chor, aber auch durch die Gebetsversammlungen am Dienstagabend –, sticht vor allem Roberta Langella, eine schlanke, rothaarige junge Frau hervor. Ihre Geschichte ist so erstaunlich, dass ich sie an dieser Stelle selbst erzählen lassen werde:

> *»Ich wurde als viertes von sechs Kindern in Brooklyn geboren und wuchs auf Staten Island auf. Mein Vater war Hafenarbeiter und versorgte uns mit einem guten Auskommen und einer katholischen Erziehung. Ich war glücklich, zu einer, wie ich dachte, stabilen und liebevollen Familie zu gehören.*

Aber als ich elf Jahre alt war, änderte sich dies schlagartig. Ganz plötzlich zogen wir nach Florida um, in die Nähe der Eltern meiner Mutter. Aber mein Vater kam nicht mit uns. Mir war entgangen, dass Spannungen zwischen meinen Eltern entstanden waren, die die Ehe auseinanderbrechen ließen.

Ich konnte nicht glauben, was geschah. Unsere Familie hatte immer zusammengehalten. Wenn man sich nicht mehr darauf verlassen konnte, dass Erwachsene das Richtige taten, was hatte das Leben dann noch für einen Sinn? Ich war am Boden zerstört.

Nach ein oder zwei Jahren drückte sich mein Unglücklichsein darin aus, dass ich trank und Marihuana rauchte. Meine Mutter heiratete wieder, was die Situation noch verschlimmerte; zumindest, was mich betraf. Wir stritten uns dauernd. Im Alter von 16 Jahren kam ich wieder nach New York und lebte ein Jahr lang bei meinem Vater. Doch dort war es auch nicht viel besser. Ich flog aus der Schule und zog dann auf eigene Faust kreuz und quer durchs Land.

Ein Jahr später war ich wieder in New York und lebte mit einem Mann zusammen, der doppelt so alt war wie ich. Ich wollte einfach jemanden – irgendjemanden – haben, der mich liebte und sich um mich kümmerte. Leider war dieser Mann drogenabhängig und bald nahmen wir beide Kokain und später auch Heroin. Schließlich nahm ich mehrere Male eine Überdosis.

1980 konsumierte ich eines Abends so viele Drogen, dass mein Herz tatsächlich zu schlagen aufhörte, wie man mir später sagte. Mein Freund machte sich aus dem Staub, weil er Angst hatte, dass ich sterben und man ihm dann viele unangenehme Fragen stellen würde. Ich blieb alleine zurück und mein Gesicht verfärbte sich schon blau ... Aber durch Gottes Gnade entdeckte mich jemand und verständigte den Notarzt. Die Sanitäter kamen und belebten mich wieder.

Mein Selbstwertgefühl war so niedrig, dass ich mir sicher war, dass auch alle anderen mich für wertlos hielten. Das führte mich von einer destruktiven Beziehung zur nächsten. Etwa 1982 zogen mein damaliger Freund und ich in eine Wohnung im zweiten Stock über einem Blumengeschäft direkt neben der Brooklyn Tabernacle-Gemeinde. Natürlich interessierten wir uns nicht im Geringsten für das, was dort vor sich ging.

Mein Freund misshandelte mich; er schlug mich regelmäßig. Eines Tages schlug er mich so heftig, dass mir das Trommelfell platzte. Aber jedes Mal flehte er: ›Verlass mich nicht!‹ Mein Leben war so erbärmlich! Aber schlimmer, als geschlagen zu werden, schlimmer, als gehasst zu werden, war der schreckliche Gedanke, verlassen zu werden. Ihn konnte ich nicht ertragen und so blieb ich bei meinem Freund.

An einem Sonntagnachmittag war ich so verzweifelt, dass ich ihm drohte: ›Ich werde mir das Leben nehmen!‹. Er lag auf der Couch, schaute sich ein Footballspiel im Fernsehen an und blickte nicht mal auf. ›Die Jets spielen gerade. Du kannst in der Halbzeit mit mir reden.‹ Es war ihm einfach egal!

Irgendwie funktionierte ich weiter und arbeitete als Barkeeperin in Nachtclubs. Ich ging völlig in der Punkkultur der 80er Jahre auf – ich favorisierte den Look, bei dem ich einen Monat lang mein Haar nicht bürsten musste.

Ich besuchte auch häufig Veranstaltungen, wo 20 oder 30 Leute gleichzeitig high wurden und alle dieselbe Nadel verwendeten. Auch wenn ich Angst vor den Folgen der gemeinsam benutzen Nadeln hatte – meine Drogensucht war stärker.

Nachdem die Bars in Greenwich in den frühen Morgenstunden schlossen, machte ich in der Szene der After-Hours weiter, die sogar für verrückte Menschen verrückt war. Man kann sich nicht vorstellen, welche Ausschweifungen und Gewaltszenen sich in diesen Clubs sogar bis nach Sonnenaufgang ereigneten.

Schließlich kam ich nach Hause. Wenn ich in meiner schwarzen Lederjacke aus der U-Bahn stieg, war der ganze Gehsteig voll mit Menschen, die zum Gottesdienst in die Brooklyn Tabernacle-Gemeinde gingen. Ich biss die Zähne zusammen, wenn ich an ihnen vorbeiging. Ihre glücklichen Gesichter machten mich wütend!

Ich schob mich durch die Menge und rannte so schnell ich konnte die Treppe zu unserer Wohnung hinauf. Das einzige Problem war, dass das Fenster meines Schlafzimmers auf die Seite der Gemeinde hinauszeigte und ich der Musik, die durch die Wände drang, nicht entkommen konnte – Lieder wie ›How Jesus loves‹ oder ›I'm clean‹. Ich hörte die Melodien und brach manchmal zusammen. Irgendetwas an dieser Musik berührte mich, obwohl ich nicht berührt werden wollte.

Aber in die Gemeinde gehen? Auf keinen Fall. Ich war mir sicher, dass Jesus niemanden lieben konnte, der so war wie ich.

Es dauerte nicht lange und auch die Beziehung zu meinem Freund zerbrach. Dann zog ich mit einem neuen Freund in eine neue Wohnung an der Upper West Side in Manhatten. Manchmal hörte ich die

Frau in der Wohnung über uns unter der Dusche singen. Eines Tages traf ich sie im Flur und fragte: ›Ich höre Sie manchmal singen. Sind Sie Musikerin?‹
›Nein, eigentlich nicht. Ich singe bloß im Chor meiner Gemeinde und übe die Stücke gerne zu Hause.‹
›Was ist das für eine Gemeinde?‹, fragte ich.
›Die Brooklyn Tabernacle-Gemeinde‹.
Ich war weggezogen, aber die Gemeinde verfolgte mich.

Inzwischen verschlimmerte sich mein Alkohol- und Drogenmissbrauch. Manchmal hatten wir nichts zu essen zu Hause; das Telefon war abgestellt. Wir fingen an, Möbelstücke zu verkaufen, um unseren Drogenkonsum zu finanzieren. Doch irgendwie schaffte ich es immer, einen Job zu finden. Alle nächtlichen Drogenexzesse hielten mich nicht davon ab, am Morgen aufzustehen und zur Arbeit zu gehen.

Eines Abends brach ich im Haus eines Freundes weinend zusammen. Zum ersten Mal in meinem Leben sagte ich: ›Ich glaube, ich habe ein Drogenproblem.‹ Das war wahrscheinlich die Untertreibung des Jahrzehnts, aber für mich ein erster wichtiger Schritt.

In den folgenden Tagen konzentrierte ich mich auf das, was meiner Ansicht nach die Ursache meiner Probleme war: mein Freund. Sein Drogenkonsum hatte einen schlechten Einfluss auf mich, oder? Also warf ich ihn hinaus.

Innerhalb weniger Wochen lebte ich mit einem neuen Freund zusammen, der keine Drogen nahm. Stattdessen war er Dealer! Er brachte kiloweise Kokain mit nach Hause. Natürlich konsumierte ich weiter.

Eines Abends rief ich meine Mutter in Florida an, die inzwischen zum Glauben gekommen war. Ich erzählte ihr von meinem Leben – und konnte nicht

aufhören. Irgendwie schaffte sie es, bei meinen ge-
quälten Selbstoffenbarungen ruhig zu bleiben und
mich für ein paar Tage zu sich einzuladen.
Aus diesen paar Tagen in Florida wurden 14 Mona-
te. Meine Mutter brachte mich zu den ›Anonymen
Drogenabhängigen‹, und ich schaffte es, clean zu
werden. Außerdem gelang es mir, nach so vielen Jah-
ren meinen Schulabschluss nachzuholen. Die Dinge
wendeten sich endlich zum Guten, und ich war
sicher, dass ich die Welt erobern konnte. Aber nur
allzu bald brach mein neu gefundenes Selbstver-
trauen zusammen.
Ein Besuch beim Arzt brachte eine schreckliche Tat-
sache ans Licht: Ich war HIV-positiv. Nachdem ich
so viele Jahre zusammen mit anderen dieselben
Nadeln verwendet hatte, hätte mich das nicht über-
raschen sollen. Aber ich rastete auf diese Nachricht
hin völlig aus, die mich gerade dann traf, als ich
mich so sehr darum bemühte, mein Leben wieder auf
die Reihe zu bekommen. Ich war wütend auf mich
selbst und auf Gott.
Ich kehrte nach New York zurück und machte mich
selbstständig. In der Zwischenzeit war auch mein
Bruder Stephane Christ geworden und begann, mir
davon zu erzählen, aber ich ließ ihn abblitzen.
Schließlich war ich doch bereit, mit ihm in die
Brooklyn Tabernacle-Gemeinde zu gehen, wobei ich
allerdings darauf bestand, auf der Empore zu sitzen,
später zu kommen und früher zu gehen.
Es war nur eine Frage der Zeit, bis die Faszination
der Drogen meine guten Vorsätze zunichte machte.
Ich glitt nach zwei Jahren ohne Drogen wieder zu-
rück in die Welt von Crack und Kokain. In mir stie-
gen die alten Gefühle von Verlegenheit und Scham

auf, aber ich schaffte es nicht, mich davon zu befreien. Ich wollte den Drogenrausch mehr, als weiterhin alleine mit dem Leben zu kämpfen.

Schließlich war ich nach fünf oder sechs Tagen permanenten Drogenkonsums völlig am Ende. An einem Dienstagabend ging mir das Geld aus. Aus irgendeinem Grund fuhr ich in die Gemeinde – ich weiß nicht, warum. An diesem Abend fand ich mich am Altar wieder und konnte nicht aufhören zu weinen. ›Oh Gott, ich komme ohne dich nicht mehr weiter. Bitte hilf mir!‹ In diesem Augenblick kapitulierte ich endgültig. Von diesem Tag an begann ich zu glauben, dass Gott mich liebte. Und mit diesem neu gefundenen Glauben kam auch die Hoffnung und langsam wuchs mein Selbstvertrauen wieder.

Ein Jahr später sang ich in genau dem Chor, den ich so gehasst hatte! Mein Leben stand nach so viel Durcheinander auf einem festen Fundament. Ich wusste tief in mir, dass Gott mich liebte, mich annahm und dass ich mich in seiner Liebe entspannen konnte. Ich war frei von den Ketten, die mich so viele Jahre gefangen gehalten hatten.«

Wir wussten nichts von diesem Wunder der Gnade Gottes, bis Roberta uns einen siebenseitigen Brief schrieb. Es war in der Osterzeit und wir befanden uns gerade mitten in den Vorbereitungen für ein Konzert. Carol setzte sich dennoch eines Abends hin, um diesen Brief zu lesen, und war nach wenigen Minuten zu Tränen bewegt.

»Jim – du musst aufhören und das lesen«, sagte sie nachdrücklich. Sie gab mir die erste Seite des Briefes, dann die nächste und die folgenden. Bald weinte ich mit ihr zusammen.

Als wir den Brief zu Ende gelesen hatten, schauten wir uns an und meinten: »Das ist erstaunlich. Sie muss ihre Geschichte einfach beim Osterkonzert erzählen.« Roberta hatte noch nie zuvor vor Publikum gesprochen, aber sie erklärte sich mutig dazu bereit, es zu versuchen.

Der Tag kam und das Haus war bis auf den letzten Platz gefüllt. Sie hatte ihre ganze Familie eingeladen. Viele, darunter ihr Vater, der in der dritten Reihe saß, hatten keine Ahnung davon, was sie zu hören bekommen sollten.

Nach vier Liedern trat Roberta aus dem Chor, nahm nervös das Mikrofon und begann zu sprechen. »Hallo, mein Name ist Roberta Langella ... und ich möchte Ihnen erzählen, was der auferstandene Jesus für mich bedeutet.«

Wir hatten mit ihr ausgemacht, dass sie einige der schlimmsten Details weglassen sollte, aber auch so war ihre Geschichte überzeugend. Als sie zu den schlimmsten Stellen kam, konnte sie nicht an sich halten und sagte: »Papa ... ich weiß, dass es für dich hart sein wird, dies zu hören. Aber ich muss es erzählen, weil es zeigt, wie Jesus auch das Schlimmste im Leben eines Menschen vergeben kann.« Die Situation war so emotionsgeladen, dass wir den Atem anhielten. Die Leute saßen gespannt auf den Kanten ihrer Stühle.

Dann sang der Chor das letzte Stück und ich schloss die Veranstaltung ab. Die erste Person am Altar war Robertas Vater, der heftig schluchzte. Dann kamen ihr Onkel, ihre Tante und der Rest der Familie.

Heute leitet Roberta einen unserer Dienste, der »Neuanfänge« heißt. Er organisiert wöchentliche Einsätze unter Drogenabhängigen und Obdachlosen. Inzwischen sind 100 Mitarbeiter beteiligt, die jeden Sonntagnachmittag mit der U-Bahn in die Obdachlosenheime und Rehabilitationseinrichtungen fahren, um Menschen in die Gemeinde zu begleiten, wo sie ein warmes Essen bekommen und den Abendgottesdienst besuchen. Die Liebe Jesu ist in ihrem Leben sichtbar.

Roberta ist heute eine richtige Kämpferin, selbst wenn es ihr selbst nicht gut geht. Wenn sie am Sonntagabend mit den Obdachlosen, die sie mitgebracht hat, auf der Empore sitzt, ist niemand zu schmutzig oder hat ein zu schlimmes Leben hinter sich, als dass sie sich nicht um ihn kümmern würde. Sie sieht sich selbst in diesen Menschen. Sie ist ein lebendes Beispiel für die Macht Gottes, die geknechtete, sich selbst verabscheuende und abhängige Menschen aufnimmt und zu seiner Ehre erlöst.

Das »Geheimrezept«

Raum für Menschen wie Roberta zu finden und die Zahl der Obdachlosen, die sie mit in die Gemeinde bringt, erwies sich als dauerhaftes Problem für uns. Das Wachstum der Gemeinde zwang uns 1985 dazu, einen zusätzlichen Gottesdienst um 15.30 Uhr am Sonntagnachmittag anzubieten, und im Jahr 1996 einen vierten Gottesdienst – jeder dauert etwa zweieinhalb Stunden. Wir hatten immer das Gefühl, dass wir dem Heiligen Geist Zeit zum Wirken geben sollten, und wollten die Leute einfach nicht durch irgendein Programm hetzen. Die Gottesdienste fanden nun um 9.00 Uhr vormittags, um 12.00 Uhr mittags, um 15.30 am Nachmittag und um 19.30 am Abend statt.

Das bringt auch einen äußerst strapaziösen Tagesablauf mit sich, aber solange wir nicht in ein größeres Gebäude umziehen können, haben wir keine andere Wahl. Ich kann es einfach nicht ertragen, wenn Menschen an der Tür wieder kehrtmachen müssen, was leider zu oft passiert.

Wir hatten immer das Gefühl, dass wir dem Heiligen Geist Zeit zum Wirken geben sollten, und wollten die Leute einfach nicht durch irgendein Programm hetzen.

Wenn der Raum überfüllt ist und die Leute in der Eingangshalle auf Klappstühlen den Gottesdienst am Bildschirm verfolgen, können wir pro Veranstaltung insgesamt 1 600 Personen Platz bieten. Dieses Wachstum hält trotz der Tatsache an, dass wir seit 1985 immer wieder Gruppen aussenden, die in anderen Teilen der Stadt neue Gemeinden gründen: in Glendale in Queens, der Lower East Side von Manhattan, der South Bronx, Coney Island, Harlem usw. Im Moment gibt es sieben Gemeinden im Großraum von New York, dazu weitere zehn Gemeinden an anderen Orten, von New Hampshire bis San Francisco und sogar in Übersee.

Der Beginn dieses Prozesses war jedoch erstaunlich: Die ersten Gruppen starteten mit Hilfe des Chors durch öffentliche Konzerte.

Das erste Konzert entstand eher durch Zufall. Ein Pastor aus Manhattan rief mich an, um mich um einen Gefallen zu bitten. Er hatte die berühmte Carneggie Hall, die 2 100 Sitzplätze fasst, für ein christliches Konzert am Mittwochabend gemietet – und der Künstler hatte kurzfristig abgesagt. Ob es eine Möglichkeit gäbe, dass unser Chor einspringen und den finanziellen Verlust, den er sonst hätte, ausgleichen könne, da die Carneggie Hall ihn nicht aus dem Vertrag entließ?

Wir hatten noch nie etwas Derartiges gemacht und wussten auch nicht, wie man es organisierte. Sollten wir Karten verkaufen? Wir entschlossen uns zu singen, ohne einen Eintrittspreis zu erheben, stattdessen aber um eine Spende zu bitten. Das Hallenmanagement war damit nicht glücklich, willigte aber schließlich zögernd ein.

Wir verbreiteten in der Stadt, dass der *Brooklyn Tabernacle*-Chor einige seiner neuen Stücke bei einem kostenlosen Konzert uraufführen würde. Am Tag des Konzerts erlebten wir den Schock unseres Lebens, als die Leute schon vor Mittag vor der Halle Schlange zu stehen begannen! Die Schlange zog sich von der Haustür des Hauses West 57. Straße bis zur Ecke, einen ganzen Block auf der Seventh Avenue und um eine weitere Ecke bis zur 56. Straße – insgesamt warteten 3 500 Menschen auf den Beginn der Veranstaltung.

Das Nächste, was ich bemerkte, war die Anwesenheit der New Yorker Polizei, die Absperrungen errichtete, um die Massen unter Kontrolle zu halten, sowie berittene Polizisten. Mein falscher Umgang mit dieser Situation war mir so peinlich, dass ich in die Halle ging und mich in einem Kellerraum versteckte. Schließlich erschien ein streng dreinblickender Sergeant und fragte mich: »Was ist hier los? Wer ist dafür verantwortlich?« Ich gab verlegen zu, dass es meine Schuld sei.

Das Konzert war ein überwältigender Erfolg. Zum Schluss gab ich eine kurze Einführung in das Evangelium, über das der Chor gesungen hatte, und schloss mit einer öffentlichen Einladung zur Lebensübergabe. Die Menschen kamen nach vorne und nahmen Christus in ihr Leben auf. Wir beteten mit ihnen und nahmen ihre Namen und Adressen für die Nacharbeit auf.

Ein paar Wochen später bekam ich einen Telefonanruf von einem Mitarbeiter der *Radio City Music Hall*.

54

»Warum buchen Sie uns nicht das nächste Mal? Wir haben Platz für 6 000 Personen.«

Carol und ich waren von dieser Einladung geehrt, aber da war natürlich noch die kleine Sache mit der Miete: über 70 000 Dollar! Wir holten tief Luft und entschlossen uns, ins kalte Wasser zu springen. Natürlich wollten wir dieses Mal Eintrittskarten verkaufen, um die Kosten zu decken. Wir bewarben das Konzert als Premiere eines neuen Albums.

Die Karten waren nach drei Tagen ausverkauft.

Als wir das nächste Album des Chors veröffentlichten, veranstalteten wir zwei Konzerte. Für das Album »Live … With Friends« wagten wir drei Abende – und waren an allen Abenden ausverkauft. Jedes Chormitglied hatte sich vorgenommen, 50 Karten an Arbeitskollegen zu verkaufen, die nicht zur Kirche gingen. Wenn ein Chormitglied sagte: »Du, ich singe nächsten Monat in der ›Radio City Music Hall‹. Hast du Lust zu kommen?«, dann reagierten die Leute normalerweise erstaunt – und positiv.

So wurde Gemeindegründung zum wichtigen Motivationsfaktor für unsere Konzerte. Wir gaben kostenlose Eintrittskarten in den Stadtteilen weiter, in denen wir eine Gemeinde gründen wollten. Während der Konzerte kündigten wir dann an: »Am nächsten Sonntag werden da und da Gottesdienste stattfinden; wir würden uns freuen, wenn Sie kämen.«

Der größte Produzent von christlicher Chormusik in Amerika hörte von uns und die Musik gefiel ihm. Eines Tages saß er mit Carol zusammen und fragte sie: »Was ist Ihr Geheimrezept? Warum funktioniert es?«

Sie begann, ihm von den Chorproben zu erzählen, von den Gebets- und Anbetungszeiten. Doch der Besucher schaute sie nur fragend an. *Sie versteht meine Fra-*

ge nicht. Ich möchte wissen, warum diese Musik die Menschen so sehr anspricht, schien sein Blick zu sagen.

Schon Monate zuvor war mir klar geworden, dass das Leben in dieser Musik aus dem Gebet entsprang. Das war das Rezept!

Gebet lässt sich nicht wirklich durch Prinzipien, Seminare und Symposien vermitteln. Es muss ganz aus einem Gefühl der Not geboren werden. Wenn ich sage: »Ich sollte beten«, wird meine Motivation bald nachlassen und ich werde aufhören zu beten. Das Fleisch ist zu stark. Ich muss ins Gebet *getrieben* werden.

Uns hat die Härte des Lebens im Stadtzentrum ins Gebet getrieben. Wenn Sie Alkoholiker sehen, die auf der Hintertreppe Ihres Gemeindehauses zu schlafen versuchen, wenn Ihre Kinder auf dem Weg zu Gemeindeveranstaltungen überfallen und mit Messern bedroht

> Gebet lässt sich nicht wirklich durch Prinzipien, Seminare und Symposien vermitteln. Es muss ganz aus einem Gefühl der Not geboren werden.

werden, wenn Sie nach dem Gottesdienst in der Eingangshalle auf Transvestiten stoßen, dann kommen Sie nicht an Gott vorbei. Dann erkennen Sie, wie dringend die Menschen Gott brauchen! Nach einer kürzlich veröffentlichten Studie der Universität von Columbia werden 21 Cent jeden Dollars, den die New Yorker an Steuern an die Stadt zahlen, für die Bekämpfung der Folgen von Rauchen, Alkohol- und Drogenmissbrauch aufgewendet.

Aber befindet sich der Rest des Landes in einem optimalen Zustand? Ich glaube, nicht. Auch im kleinsten

Dorf auf dem Land gibt es drängende Nöte. In jeder Gemeinde gibt es schwierige Kinder und Familienangehörige, die Gott nicht kennen. Glauben wir wirklich, dass Gott sie zu sich zurückführen kann?

Zu viele Christen leben in einem Zustand permanenten Selbstbetrugs: »Ich hoffe, mein Kind wird eines Tages wieder auf den rechten Weg kommen.« Manche Eltern haben sogar schon aufgegeben: »Ich fürchte, da ist nichts zu machen. Wir haben alles versucht; wir haben ihn als Kind Gott anvertraut. Vielleicht eines Tages ...«

Je mehr wir beten, desto stärker spüren wir, wie nötig es ist zu beten. Und je mehr wir diese Not spüren, desto mehr wollen wir auch beten!

Überprüfen Sie die Vitalfunktionen

Gebet ist die Quelle eines christlichen Lebens; es ist die Lebenslinie eines Christen. Andernfalls wäre es, als ob man ein Baby im Arm halten und es ganz niedlich anziehen würde – aber es würde nicht atmen. Kümmern Sie sich nicht um die Rüschenkleider; stabilisieren Sie lieber die Vitalfunktionen des Kindes. Es bringt nichts, mit jemandem zu sprechen, der sich in einem komaähnlichen Zustand befindet. Das ist auch der Grund, warum sich in vielen Gemeinden, die ihren Schwerpunkt auf die Lehre gelegt haben, so wenige Erfolge zeigen. Lehre ist nur da gut, wo Leben ist, das in Bahnen gelenkt werden kann. Wenn sich die Zuhörer in einem geistlichen Koma befinden, mag das, was wir ihnen sagen, gut und richtig sein, aber leider kann man geistliches Leben nicht primär durch Lehre vermitteln.

Pastoren und Gemeinden müssen sich unwohl genug fühlen, um zu sagen: »Wir sind keine neutestamentlichen Christen, wenn unser Leben nicht vom Gebet durchdrungen ist.« Diese Erkenntnis lässt uns vielleicht schaudern, aber wie sonst soll ein Durchbruch mit Gott möglich sein, wenn wir ihm nicht zuhören und zu erfahren versuchen, was sein Wille ist?

Wenn wir über die Stelle aus der Apostelgeschichte, Kapitel 2, Vers 42, nachdenken – »Sie alle widmeten sich eifrig dem, was für sie als Gemeinde wichtig war: Sie ließen sich von den Aposteln unterweisen, sie hielten in gegenseitiger Liebe zusammen, sie feierten das Mahl des Herrn, und sie beteten gemeinsam« –, dann erkennen wir, dass Gebet fast ein Beweis für die Normalität des Gemeindelebens ist. Den Namen des Herrn anzurufen ist das vierte Kennzeichen auf der Liste. Wenn meine Gemeinde oder Ihre Gemeinde nicht betet, dann sollten wir nicht mit unserer Orthodoxie oder mit unseren Gottesdienstbesucherzahlen prahlen.

Carol und ich haben schon mehr als einmal ganz offen zugegeben, dass wir Probleme bekommen werden, wenn wir nicht erkennen, dass wir ohne Gott nichts sind und nach ihm rufen, selbst wenn regelmäßig über 10 000 Besucher an unseren Gottesdiensten teilnehmen.

Kapitel 4

Die bedeutendste Entdeckung aller Zeiten

I n unseren unzähligen Gebetsversammlungen an den Dienstagabenden bin ich umgeben von dem heiligen Klang von Gebet und Fürbitte, der die Gemeinde füllt, ins Foyer schwappt und aus dem Herzen jedes Anwesenden strömt. Wenn sich die Gebetsversammlung dem Ende zuneigt, höre ich Mütter, die für schwierige Kinder beten, Männer, die Gott bitten, ihnen bei der Suche nach einem Arbeitsplatz zu helfen, andere, die Gott für eine kürzliche Gebetserhörung danken – Stimmen, denen man abspürt, wie bewegt jeder Einzelne ist. Dann denke ich unwillkürlich: *Näher kann ich dem Himmel in diesem Leben nicht kommen. Ich will hier nicht weg. Wenn man mich ins Weiße Haus einladen würde, um irgendeine hochrangige Person zu treffen, würde ich dennoch nicht diesen Frieden und diese tiefe Freude spüren, die ich hier in der Gegenwart all dieser Menschen empfinde, die den Herrn anrufen.*

Das Gebet klingt nicht gezwungen, als ob sich die Leute in irgendeinen religiösen Wahn hineingesteigert hätten. Vielmehr hört man hier, wie Menschen freimütig ihren Sorgen, Wünschen und ihrem Lobpreis Ausdruck verleihen.

Was ich an diesen Dienstagabenden höre, ist für unsere Gemeinde nicht außergewöhnlich oder eigenartig. Diese Art des Betens ist bei Weitem keine neue Erfindung, sondern hat historische Wurzeln. Sie geht zurück auf die Zeit vor Christus, vor David und war sogar schon bekannt, bevor Mose mit der Stiftshütte eine offizielle Gottesdienstform einführte. Zum ersten Mal wird sie in Genesis, Kapitel 4, Verse 25 bis 26 erwähnt:

»Adam schlief wieder mit Eva, und sie gebar noch einmal einen Sohn. Sie nannte ihn Set, denn sie sagte: ›Gott hat mir wieder einen Sohn geschenkt! Der wird mir Abel ersetzen, den Kain erschlagen hat.‹ Auch Set wurde ein Sohn geboren, den nannte er Enosch. Damals fingen die Menschen an, im Gebet den Namen des Herrn anzurufen.«

Denken Sie doch einen Augenblick lang über diese Bibelstelle nach. Bisher hatten die Menschen Gott nur als Schöpfer gekannt. Er hatte den Garten Eden und die übrige Welt geschaffen, so weit ihr Auge sehen konnte.

Nun beginnt die erste kollektive Beziehung zum Allmächtigen. Bevor die erste Bibel erhältlich, der erste Pastor eingesetzt und der erste Chor gegründet war, sonderten sich gottesfürchtige Menschen von ihren gottlosen Nachbarn ab, indem sie den Namen des Herrn anriefen. Kain und seine Nachkommen hatten ihren eigenen Weg gewählt und wollten ihr Leben unabhängig von Gott leben. Jene Menschen aber erklärten ihre Abhängigkeit von Gott, indem sie ihn anriefen.

Die ersten Menschen, die zu Gott gehörten, wurden nicht »Juden« oder » Volk Israel« genannt. Ganz am Anfang waren sie diejenigen, »die den Namen des Herrn anriefen«.

An irgendeinem unbekannten Tag, zu einem unbekannten Zeitpunkt erwachte ein Instinkt im Herzen des Menschen, den Gott in ihn hineingelegt hatte. Die Menschen spürten, dass Gott antwortete, wenn sie in Not waren und ihn um Hilfe anriefen. Er intervenierte in ihre Situation.

Ich kann mir direkt vorstellen, wie eine Frau zu einer anderen sagt: »Hast du schon von diesem Gott gehört, der antwortet, wenn man ihn anruft? Er ist mehr als nur der Schöpfer; er kümmert sich um uns und unsere Sorgen. Er versteht sogar unsere Gefühle.«

»Wovon redest du da? Gott macht, was ihm gefällt; Menschen können ihn nicht beeinflussen.«

»Nein, nein, das stimmt nicht. Wenn du ihn anrufst, stößt du auf kein taubes Ohr. Er hört zu! Er antwortet. Er handelt.«

»Herr, hilf!«

David Jeremiah, ein Freund aus der *Shadow Mountain*-Gemeinde in der Nähe von San Diego, predigte einige Male in unserer Gemeinde. Unmittelbar nachdem bei ihm eine Krebserkrankung diagnostiziert wurde, rief er uns an und bat uns, für ihn zu beten. Ein paar Monate später besuchte er uns während einer evangelistischen Veranstaltung, die wir im *Madison Sqare Garden* abhielten. Später predigte er in einem unserer Sonntagsgottesdienste. Die ganze Gemeinde freute sich, diesen Bruder zu sehen, für den wir alle in der Fürbitte eingetreten waren.

Bewegt von der Liebe und Dankbarkeit, die seine Anwesenheit auslöste, sagte David später auf der Kanzel: »Ich rief hier sofort an, als ich von meiner Krankheit erfuhr, weil ich wusste, welchen Stellenwert das Gebet in dieser Gemeinde einnimmt. Vorhin begrüßte mich jemand in der Eingangshalle und sagte: ›Pastor

Jeremiah, wir haben für Ihr Anliegen wirklich zu Gott geschrien.‹ Deshalb habe ich hier angerufen. Ich wusste, dass Ihr Gebet nicht irgendeine mechanische Übung, sondern ein echtes Rufen zu Gott mit innerer Anteilnahme an meiner Not ist. Und Gott hat mich gut durch die Qualen hindurchgetragen.«

Das ist die wörtliche Bedeutung des hebräischen Wortes, das unzählige Male im Alten Testament verwendet wird, wenn Menschen Gott anriefen. Es bedeutet »aufschreien, inständig um Hilfe flehen«. Das ist das Wesen des wahren Gebetes, das Gott anrührt.

Charles Spurgeon sagte einmal, dass »der beste Gebetsstil ist der, den man nicht anders als einen Schrei bezeichnen kann« (Tom Carter, *Spurgeon at His Best,* Grand Rapids, Baker 1988, S. 145).

Lädt Gott uns nicht in der ganzen Bibel dazu ein? »Wende dich an mich, und ich werde dir antworten! Ich werde dir große Dinge zeigen, von denen du nichts weißt und auch nichts wissen kannst« (Jer 33,3). Gott ist nicht unnahbar. Er ist nicht von uns getrennt. Durch die Jahrhunderte hindurch sagt er immer wieder: »Ich werde

> Gott ist nicht unnahbar. Durch die Jahrhunderte hindurch sagt er immer wieder: »Ich werde euch helfen. Ich will es wirklich. Wenn ihr nicht wisst, an wen ihr euch wenden sollt, dann wendet euch an mich. Wenn ihr bereit seid, eure Hände zu erheben, dann erhebt sie zu mir.«

euch helfen. Ich will es wirklich. Wenn ihr nicht wisst, an wen ihr euch wenden sollt, dann wendet euch an mich. Wenn ihr bereit seid, eure Hände zu erheben, dann erhebt sie zu mir. Lasst euren Händen eure Stimme folgen, dann werde ich kommen und euch helfen.«

Nachdem Mose vom Berg Sinai herabgestiegen war, wurden die Erfolge des Volkes Israel davon bestimmt, ob sie den Herrn anriefen oder nicht. Der Patriarch wies darauf noch einmal explizit in seiner Abschiedsrede hin: »Kein anderes von den großen Völkern hat ja einen Gott, der ihm mit seiner Hilfe so nahe ist wie uns der Herr, unser Gott. Er hilft uns, so oft wir zu ihm rufen« (Dtn 4,7). Die anderen Nationen mochten bessere Streitwagen haben, bessere Waffen, aber das war am Ende nicht entscheidend. Eine Sache besaßen sie nicht: einen Gott, der antwortete, wenn sie ihn anriefen. Und beachten Sie: Dem Volk Israel war keine Hilfe von Gott verheißen, wenn es ihn nicht anrief. Dann wurde es besiegt und gedemütigt.

Die wahre Kraft

Satans Hauptstrategie gegenüber dem Volk Gottes besteht immer darin, den Menschen einzuflüstern: »Ruft ihn nicht an, bittet ihn nicht, verlasst euch nicht darauf, dass Gott große Dinge tut. Ihr schafft es alleine, wenn ihr euch nur auf eure Cleverness und eure Kraft verlasst.« Tatsache ist, dass der Teufel keine besonders große Angst vor unseren menschlichen Bemühungen hat. Aber er weiß, dass sein Reich Schaden nehmen wird, wenn wir unsere Herzen zu Gott erheben.

Hören Sie auf Davids vertrauensvolle Beteuerung in Psalm 4, Vers 4: »Seht doch ein: Der Herr tut Wunder für alle, die ihm die Treue halten; er hört mich, wenn ich zu ihm rufe.« Das war Davids Einstellung, sein Instinkt und vor allem seine Strategie im Kampf. »Es ist völlig egal, welche Waffen die Philister haben. Wenn wir zu Gott rufen, wird er uns den Sieg schenken. Wenn wir

> Tatsache ist, dass der Teufel keine
> besonders große Angst vor unseren
> menschlichen Bemühungen hat.
> Aber er weiß, dass sein Reich Schaden
> nehmen wird, wenn wir unsere Herzen zu
> Gott erheben.

abtrünnig werden und ihn nicht anrufen, können wir von einer winzigen Armee besiegt werden.«

Ich kann David fast sagen hören: »Ihr könnt mich jagen, ihr könnt mich verfolgen, ihr könnt machen, was ihr wollt – aber wenn ich Gott um Hilfe bitte, dann bekommt ihr Probleme! Denn Gott wird hören, wenn ich ihn anrufe.«

Achten Sie darauf, wie Gott in Psalm 14, Vers 4 gottlose Menschen definiert: »Haben denn all die Übeltäter keine Einsicht? Sie verschlingen mein Volk. Sie essen das Brot des Herrn, doch seinen Namen rufen sie nicht an« (Einheitsübersetzung). Das ist die göttliche Definition gottloser Menschen. Sie tun viele Dinge, aber sie demütigen sich nicht selbst und erkennen Gottes Allmacht nicht an, da sie seinen Namen nicht aus ganzem Herzen anrufen.

Ein bekannter christlicher Autor sagte einmal: »Gott bittet vor allem um unsere Aufmerksamkeit.«

Erlösung ist so lange unmöglich, bis ein Mensch demütig den Namen des Herrn anruft (vgl. Apg 2,21), da Gott versprochen hat, vor allem denen seine Barmherzigkeit zu zeigen, die seinen Namen anrufen (vgl. Röm 10,12–13).

»Bist du in Not, so rufe mich zu Hilfe! Ich werde dir helfen, und du wirst mich preisen«, sagt Gott in Psalm 50, Vers 15. Gott wünscht sich, dass wir ihn mit unserem Leben lobpreisen – aber echtes Lob und echte Ehrerbietung sind nur möglich, wenn wir in Zeiten der Not und bei Schwierigkeiten immer wieder zu ihm kommen. Dann greift er ein und macht sich für unsere Anliegen stark, und wir werden wissen, dass er es getan hat.

Neigen wir nicht alle dazu, ein wenig anmaßend zu sein und zu denken, dass wir es schon alleine schaffen? Aber wenn Probleme auftauchen, spüren wir unsere Unzulänglichkeit nur allzu schnell. Probleme sind Gottes bester Wegbereiter, weil sie uns daran erinnern, wie sehr wir ihn brauchen. Andernfalls neigen wir dazu zu vergessen, dass wir unsere Schwierigkeiten nur besiegen werden, wenn wir ihn inständig bitten. Denn aus irgendeinem Grund wollen wir lieber versuchen, unser Leben alleine zu bewältigen.

Der Beginn von Erweckung

Die Geschichte früherer Erweckungen malt diese Wahrheit in bunten Farben. Egal, mit welchen Erweckungen Sie sich beschäftigen, Sie werden immer wieder auf Männer und Frauen stoßen, die innerlich stöhnen und sich danach sehnen, dass sich etwas verändert – bei ihnen selbst und in ihren Gemeinden. Sie fangen an, Gott inständig anzurufen; Gebet führt zu Erweckung und diese wiederum zu mehr Gebet. Psalm 80, in dem sich Asaph über den traurigen Zustand seiner Zeit, über die zerbrochenen Mauern, die herumstreunenden Tiere und die verbrannten Weinberge klagt, illustriert dies gut. In Vers 19 fleht er: »Erhalte uns am Leben, wir wollen uns zu dir bekennen.«

Der Heilige Geist ist der Geist des Gebets. Nur wenn wir mit dem Heiligen Geist erfüllt sind, spüren wir überall, wie notwendig das Eingreifen Gottes ist. Wir können mit dem Auto unterwegs sein und fangen spontan an, uns mitten im Verkehrsgewühl mit Nöten, Anliegen und Fürbitte an Gott zu wenden.

Wenn unsere Gemeinden nicht beten und Menschen keinen Hunger nach Gott haben, warum sollte es dann wichtig sein, wie viele Menschen unsere Gottesdienste besuchen? Lässt sich Gott davon beeindrucken? Können Sie sich vorstellen, dass die Engel zueinander sagen: »Oh, diese Kirchenbänke! Kaum zu glauben, wie schön sie sind. Hier im Himmel reden wir schon seit Jahren davon. Und die Beleuchtung im Altarraum – richtig clever. Auch wie die Treppen zur Kanzel führen – einfach toll …«?

Ich kann es mir nicht vorstellen.

Wenn wir Gottes Nähe nicht hier auf der Erde erleben wollen, warum wollen wir dann noch in den Himmel kommen? Dort ist er der absolute Mittelpunkt. Wenn wir hier und heute keinen Gefallen an seiner Gegenwart haben, dann wird für uns der Himmel nicht der Himmel sein. Warum sollte er jemanden dorthin schicken, der sich nicht schon hier auf der Erde leidenschaftlich danach sehnt?

Ich möchte damit nicht sagen, dass wir allein durch Gebet oder andere Formen der Hingabe unsere Beziehung zu Gott ins Reine bringen können. Ich bin nicht gesetzlich. Aber wir sollten keinen Bogen um die Frage machen, wie es im Himmel sein wird: Wir werden die Gegenwart Gottes genießen, Zeit haben, ihn zu lieben, ihm zuhören und ihn anbeten.

Ich habe schon mit vielen Pastoren gesprochen, auch mit einigen prominenten und »erfolgreichen« Pastoren, die mir privat gestanden haben: »Jim, in meiner Gemeinde gibt es keine richtige Gebetsversammlung. Mir ist es ganz peinlich, wie wenige Leute kommen. Wenn nicht jemand lehrt, singt oder sonst irgendetwas Besonderes macht, kommen die Leute einfach nicht. Ich kann sie nur zu einem einstündigen Gottesdienst bewegen, und das auch nur einmal in der Woche.«

Findet sich diese Art von Religion irgendwo in der Bibel? Nicht einmal Jesus selbst kann unter seinem Volk Leute mobilisieren! Es ist wirklich tragisch, dass die Qualität eines Dienstes heute so oft an Zahlen und der Größe der Räumlichkeiten gemessen wird statt an echten geistlichen Ergebnissen.

Da ich selbst Prediger bin, kann ich hier offen sprechen. Auch Predigen an sich kann sehr leicht zu einer unterschwelligen Form der Unterhaltung werden. Wenn ich vor dem Richterstuhl Jesu stehe, wird er mich nicht fragen, ob ich ein guter Redner war. Er wird mich nicht fragen, wie viele Bücher ich geschrieben habe. Er wird mich lediglich fragen, ob ich mich in die Reihe der Männer und Frauen eingereiht habe, die sich in die Zeit bis zu den Enkeln Adams zurückverfolgen lässt, und andere Menschen dabei begleitet habe, Gott anzurufen und selbst zu hingegebenen Jüngern Jesu zu werden.

Ein persönlicher Test

Meine Einstellung zum Gebet wurde vor einigen Jahren einem harten Test unterzogen, als Carol und ich die dunkelsten zweieinhalb Jahre erlebten, die wir uns vorstellen konnten.

Unsere älteste Tochter Chrissy war immer ein Vorzeigekind gewesen. Aber als sie etwa 16 Jahre alt war, änderte sich dies. Ich muss zugeben, dass ich es lange nicht bemerkte – ich war zu sehr mit der Gemeinde, mit der Gründung von Tochtergemeinden, mit der Betreuung von Projekten und meinen sonstigen Dienstverpflichtungen beschäftigt.

Zwischenzeitlich hatte sich Chrissy nicht nur von uns entfernt, sondern auch von Gott. Oft verließ sie uns sogar. In vielen Nächten hatten wir keine Ahnung, wo sie war.

Als sich die Situation zuspitzte, versuchte ich alles. Ich bat sie inständig, ich flehte sie an, ich schimpfte, ich stritt mit ihr, ich versuchte, sie mit Geld zu kontrollieren. Rückblickend erkenne ich, wie dumm meine Bemühungen waren. Nichts wirkte; sie verhärtete sich nur immer mehr. Und ihr Freund war alles, was wir uns für unsere Tochter *nicht* wünschten.

Wie ich in dieser Zeit weiter funktionierte, weiß ich nicht. An vielen Sonntagvormittagen zog ich meinen Anzug an, stieg ins Auto, um frühzeitig noch vor Carol in die Gemeinde zu fahren, und verbrachte die nächsten 25 Minuten bis zur Tür der Gemeinde damit, Gott anzuflehen: »Gott, wie soll ich heute diese drei Gottesdienste durchstehen? Ich möchte mich nicht in den Mittelpunkt der Aufmerksamkeit stellen. Die Leute haben ihre eigenen Probleme – sie kommen, um hier Hilfe und Ermutigung zu finden. Aber was ist mit mir? Oh, Gott, bitte … Mein erstgeborenes Kind, meine Chrissy.«

Irgendwie gab mir Gott genügend Kraft, um einen weiteren langen Sonntag zu überstehen. Doch es gab Augenblicke – wenn wir Gott lobten und sangen –, in denen ich innerlich fast aus dem Gottesdienst davonlief, um für Chrissy zu beten. Ich musste mich stark unter

Kontrolle halten, um mich auf die Menschen und ihre Bedürfnisse konzentrieren zu können.

In dieser Zeit erfuhren wir auch, dass bei Carol eine Operation nötig war; sie musste sich die Gebärmutter entfernen lassen. Als sie sich nach der Operation zu erholen versuchte, nutzte der Teufel die Gelegenheit, ihr einzuflüstern: »Du hast vielleicht diesen großen Chor, du nimmst Alben auf, veranstaltest evangelistische Konzerte in der ›Radio City Music Hall‹ und so weiter. Schön, du und dein Mann, ihr könnt weitermachen und die Welt für Christus erreichen – aber ich werde eure Kinder bekommen. Das erste habe ich schon. Und ich nehme mir auch die beiden anderen.«

Wie jede Mutter, die ihre Kinder liebt, wurde Carol von schrecklicher Angst und Sorge gequält. Ihr Familie war ihr wichtiger als ihr Chor. Eines Tages sagte sie zu mir: »Hör zu, wir müssen New York verlassen. Ich meine es ernst. Die schrecklichen Zustände in dieser Stadt haben uns schon unsere Tochter gekostet. Wir können hier keine Kinder großziehen. Wenn du bleiben möchtest, kannst du das gerne tun, aber ich werde unsere anderen Kinder von hier wegbringen.«

Und sie meinte es wirklich ernst.

Ich entgegnete: »Carol, wir können das nicht machen. Wir können nicht einfach weggehen, ohne zu wissen, was Gott mit uns vorhat.«

Carol war nicht rebellisch; sie war nach der Operation einfach niedergeschlagen. Sie entschied sich schließlich dazu, doch nicht zu packen und wegzulaufen. Und gerade in dieser schlimmen Zeit setzte sie sich eines Tages ans Klavier, und Gott schenkte ihr ein Lied, das vielleicht mehr Menschen angerührt hat als alles andere, was sie bisher geschrieben hatte:

In my moments of fear,
Through every pain, every tear,
There's a God who's been faithful to me.
When my strength was all gone,
When my heart had no song,
Still in love he's proved faithful to me.
Every word he's promised is true;
What I thought was impossible, I see my God do.

He's been faithful, faithful to me,
Looking back, his love and mercy I see.
Though in my heart I have questioned,
Even failed to believe,
Yet he's been faithful, faithful to me.

When my heart looked away,
The many times I could not pray,
Still my God, he was faithful to me.
The days I spent so selfishly,
Reaching out for what pleased me;
Even then God was faithful to me
Every time I come back to him,
He ist waiting with open arms,
And I see once again.

He's been faithful, faithful to me …[1]

Haben wir in dieser Zeit nach Gott gerufen und ihn um Hilfe gebeten? In gewisser Weise schon. Aber ich konnte mich auch nicht davon abhalten, selbst Schritte zu unternehmen. Teilweise war es aber auch immer noch so, dass ich mir »Basketball schnappen« wollte; ich wollte, dass irgendetwas passierte, ich wollte jedes Loch in der Verteidigung nutzen, das ich finden konnte. Aber je mehr Druck ich ausübte, desto schlimmer wurde es mit Chrissy.

Als ich mich im November alleine in Florida aufhielt, bekam ich eines Tages einen Anruf von einem Pastor, den ich überredet hatte, mit Chrissy zu sprechen. »Jim«, sagte er, »ich liebe dich und deine Frau, aber Tatsache ist, dass Chrissy das tun wird, was sie tun möchte. Ihr habt keine große Wahl, jetzt, wo sie 18 ist. Sie hat ihren eigenen Willen. Ihr müsst akzeptieren, wofür auch immer sie sich entscheidet.«

Ich legte den Hörer auf. Irgendetwas tief in mir begann aufzuschreien: »Niemals! Ich werde nie akzeptieren, dass sich Chrissy von dir, Herr, entfernt!« Ich wusste, dass auf sie nur Zerstörung wartete, wenn sie auf ihrem eingeschlagenen Weg weiterging.

Und wieder einmal, wie damals 1972, zeigte mir Gott seine Macht. Ich hatte den Eindruck, dass ich aufhören sollte, zu weinen und zu schreien, und mit niemandem mehr über Chrissy reden sollte. Ich sollte nur noch mit Gott über sie sprechen. Ich wusste auch, dass ich keinen weiteren Kontakt mehr zu Chrissy aufnehmen sollte – bis Gott handelte! Nun war es an mir, einfach zu glauben und zu gehorchen, wie ich so oft gepredigt hatte.

Rufe mich an am Tag der Not, und ich will dich hören.

Ich begann zu weinen. Ich wusste, dass ich diese Situation aus der Hand geben und Gott anvertrauen musste.

Als ich wieder zu Hause in New York war, begann ich, mit einer Intensität und einem wachsenden Glauben zu beten wie nie zuvor. Egal, welche schlechten Nachrichten ich über Chrissy hörte, ich betete weiter für sie und begann, Gott für das zu preisen, was er bald tun würde. Ich versuchte nicht, sie zu sehen. Carol und ich verbrachten eine wirklich traurige Weihnachtszeit. Mir war zum Heulen zu Mute, als ich mit unseren beiden anderen Kindern dasaß und Weihnachtsgeschenke auspackte – ohne Chrissy.

Es wurde Februar. An einem kalten Dienstagabend während der Gebetsversammlung sprach ich über das Kapitel 4 der Apostelgeschichte, in dem beschrieben wird, wie die Mitglieder der Urgemeinde zusammen Gott anrufen, als sie verfolgt werden. Dann begannen wir eine Zeit des Gebets, wobei alle gleichzeitig zu Gott sprachen.

Ein Ordner brachte mir eine Notiz. Eine junge Frau, die ich für geistlich sensibel halte, hatte geschrieben: »Pastor Cymbala, ich habe den Eindruck, dass wir die Versammlung unterbrechen und für Ihre Tochter beten sollen.«

Ich zögerte. War es richtig, den Fluss des Gottesdienstes zu unterbrechen und das Augenmerk auf mein persönliches Anliegen zu richten?

Doch irgendetwas an dieser Notiz schien richtig zu klingen. Nach ein paar Minuten nahm ich ein Mikrofon und erklärte der Gemeinde, was los war.

»Auch wenn ich nicht viel darüber gesprochen habe«, sagte ich, »stimmt es, dass meine Tochter im Moment sehr weit weg ist von Gott. Sie denkt, dass oben unten ist und unten oben. Dunkel ist für sie hell und hell dunkel. Aber ich weiß, dass Gott zu ihr durchbrechen kann, und deshalb möchte ich Pastor Boekstaaf bitten, uns im Gebet für Chrissy zu leiten. Lassen Sie uns alle die Hände reichen.«

Als mein Mitpastor die Menschen im Gebet leitete, stand ich hinter ihm und hatte die Hand auf seine Schulter gelegt. Nach all der langen Zeit konnte ich nicht mehr weinen, aber ich betete, so gut ich konnte.

Um zu beschreiben, was in den nächsten Minuten geschah, fällt mir nur eine Metapher ein: Die Kirche verwandelte sich in einen Kreißsaal. Die Laute, die gebärende Frauen von sich geben, sind nicht angenehm, aber das Ergebnis ist wundervoll. Paulus wusste das, als er schrieb: »Meine Kinder, ich leide noch einmal Geburtswehen um euch, bis Christus in eurer Mitte Gestalt angenommen hat!« (Gal 4,19).

Es erhob sich ein allgemeines Aufstöhnen, ein Gefühl verzweifelter Entschlossenheit, als ob die Gemeinde sagen wollte: »Satan, du wirst dieses Mädchen nicht bekommen. Nimm deine Hände von ihr – sie wird zurückkommen!« Ich war überwältigt. Die Kraft, die von dieser großen Menschenmenge ausging, die Gott anrief, warf mich buchstäblich fast zu Boden.

Als ich an diesem Abend nach Hause kam, wartete Carol noch auf mich. Wir saßen am Küchentisch und tranken Kaffee, und ich sagte: »Es ist vorbei.«

»Was ist vorbei?« fragte sie.

»Es ist vorbei mit Chrissy. Du hättest heute Abend in der Gebetsversammlung sein sollen. Wenn es einen Gott im Himmel gibt, dann ist dieser Alptraum jetzt endlich vorbei.«

Ich beschrieb ihr, was passiert war.

Zurück vom Abgrund

32 Stunden später, am Donnerstagvormittag, als ich mich gerade rasierte, stürmte Carol durch die Tür.

»Geh runter!«, platzte sie heraus. »Chrissy ist hier.«

»Chrissy ist hier?«

»Ja! Geh runter!«

»Aber Carol, ich …«

»Geh einfach runter«, drängte sie mich. »Sie will dich sehen.«

Ich wischte den Rasierschaum ab und rannte mit klopfendem Herzen die Treppen hinunter. Als ich um die Ecke kam, sah ich meine Tochter weinend auf dem Küchenboden kauern. Vorsichtig sagte ich ihren Namen: »Chrissy?«

Sie packte mein Hosenbein und begann, ihrem Kummer freien Lauf zu lassen. »Papa – ich habe gegen Gott gesündigt. Ich habe gegen mich gesündigt. Und ich habe gegen dich und Mama gesündigt. Bitte vergib mir …«

Vor lauter Tränen konnte ich genauso wenig sehen wie sie. Ich zog sie vom Boden hoch und hielt sie fest im Arm, während wir gemeinsam weinten.

Plötzlich machte sie sich los.

»Papa«, sagte sie fassungslos. »Wer hat für mich gebetet? Wer hat für mich gebetet?« Ihre Stimme klang so entschlossen wie die eines Staatsanwaltes, der ein Kreuzverhör durchführt.

»Was meinst du, Chrissy?«

»Am Dienstagabend, Papa, wer hat da für mich gebetet?« Ich sagte nichts und so fuhr sie fort: »Mitten in der Nacht weckte Gott mich auf und zeigte mir, dass ich mich auf einen Abgrund zubewegte. Es war kein Grund zu sehen – ich war zu Tode erschrocken. Ich hatte solche Angst. Mir wurde klar, wie hart ich gewesen war, wie sehr im Irrtum, wie rebellisch.

Aber gleichzeitig war es, als ob Gott seine Arme um mich legen und mich festhalten würde. Er hielt mich davon ab, weiter abzugleiten, und sagte: ›Ich liebe dich.‹

Papa, sag mir die Wahrheit – wer hat am Dienstagabend für mich gebetet?«

Ich schaute in ihre rot geräderten Augen und erkannte die Tochter wieder, die wir großgezogen hatten.

Und es wurde sehr schnell deutlich, dass Chrissy wirklich zu Gott zurückgekehrt war. Durch dieses Ereignis öffnete Gott ihr im Herbst die Tür, sich an einem Bibelcollege einzuschreiben, wo sie nicht nur Kurse besuchte, sondern bald auch Musikgruppen und einen großen Chor zu leiten begann, ganz wie ihre Mutter. Heute ist sie mit einem Pastor verheiratet, lebt im Mittleren Westen der USA und hat drei wundervolle Kinder.

Durch all dies haben Carol und ich wie nie zuvor gelernt, dass ausdauerndes Gebet auch die stärksten Festungen des Teufels durchbricht, da für Gott nichts unmöglich ist.

Es gibt für Christen in diesen unruhigen Zeiten keinen anderen Weg.

Anmerkung

In den Momenten meiner Angst,
In jedem Schmerz, jeder Träne,
Ist ein Gott, der treu zu mir steht.
Als mich all meine Kraft verlassen hatte,
Als mein Herz kein Lied mehr hatte,
Stand er mir in seiner Liebe immer noch treu zur Seite.
Jedes Wort, das er verheißen hat, ist wahr;
Was ich für unmöglich hielt, sehe ich meinen Gott tun.
Er steht treu zu mir,
Wenn ich zurückblicke, sehe ich seine Liebe und Barmherzigkeit.
Auch wenn ich in meinem Herzen Fragen stellte,
Auch wenn ich nicht mehr glauben konnte,
Stand er doch treu zu mir.
Als mein Herz sich abwandte,
Die vielen Male, die ich nicht beten konnte,
Stand mein Gott doch treu zu mir.
An den Tagen, die ich so egoistisch verbrachte,
Mich um das bemühte, was mir gefiel,
Selbst dann stand Gott treu zu mir.
Jedes Mal, wenn ich zu ihm zurückkomme,
Wartet er mit offenen Armen auf mich,
Und ich sehe einmal mehr:
Er steht treu zu mir …

Kapitel 5

Der Tag,
an dem Jesus wütend wurde

W ie die meisten Christen liebe ich die Vorstel-
lung von Jesus als dem guten Hirten, der ein
Lamm auf seine Schultern nimmt und es in
Sicherheit bringt.

Ich mag das liebliche Bild des Kindes in der Krippe.

Und ich liebe die Geschichte, wie Jesus die hungrige
Menschenmenge mit Brot und Fisch satt macht.

Wenn ich daran denke, wie Jesus am Kreuz starb, um
für meine Sünde zu bezahlen, bin ich tief bewegt.

Ich staune darüber, wie er am Ostermorgen lebendig
aus dem Grab herauskam.

Aber es gibt ein Bild von Jesus, das – ehrlich gesagt
– nicht ganz zu passen scheint. Es ist so schockierend,
dass ich mich frage, warum Gott es überhaupt in die Bibel aufnahm – und zwar nicht nur einmal, sondern
gleich zweimal. Der zweite Bericht steht im Markus-
Evangelium, Kapitel 11, Verse 15 bis 18:

>»In Jerusalem ging Jesus wieder in den Tempel. Dort
begann er, die Händler und Käufer hinauszujagen. Er
stieß die Tische der Geldwechsler und die Stände der
Taubenverkäufer um und ließ nicht zu, daß jemand
irgend etwas durch den Vorhof des Tempels trug. Dazu sagte er ihnen: ›Steht nicht in den Heiligen Schriften, daß Gott erklärt hat: ‚Mein Tempel soll eine

Stätte sein, an der alle Völker zu mir beten können'?
Ihr aber habt eine Räuberhöhle daraus gemacht!‹ Als
das die führenden Priester und die Gesetzeslehrer
hörten, suchten sie nach einer Möglichkeit, Jesus
umzubringen. Sie fürchteten seinen Einfluß, denn
die Volksmenge war tief beeindruckt von dem, was
er sagte.«

Die zwölf Jünger waren zweifellos genauso erstaunt wie
die Volksmenge; wir lesen nichts davon, dass sie ihrem
Meister dabei halfen, den Tempel von den Händlern zu
befreien. Ganz alleine fing Jesus an, die Tische umzu-
werfen, sich Leuten in den Weg zu stellen, die Dinge
durch die Halle trugen, und zu sagen: »Verschwindet
damit! Ihr könnt das nicht durch den Vorhof tragen.« Er
stürmte hinüber zu den Männern, die mit Kälbern, Scha-
fen und Tauben handelten, und sagte: »Hinaus! Eure
Geschäfte haben hier nichts verloren!«

Was war mit dem liebevollen Jesus los? Wer so wütend und gewalttätig war, musste von allen guten Geis-
tern verlassen sein, oder? Aber das hier war Jesus Christus. Als er das zum ersten Mal ein paar Jahre vorher
gemacht hatte (vgl. Joh 2), hatte er sogar eine Peitsche
verwendet. Er warf die Leute mit körperlicher Gewalt
aus dem Tempel!

Was machte den Sohn Gottes so wütend?

Sein Haus wurde für Dinge missbraucht, für die es
nicht gedacht war!

Als die Federn flogen, die Münzen auf dem Pflaster
klirrten und die Geschäftsleute nach der Polizei riefen,
sagte Jesus über den Aufruhr hinweg: »Dieser Ort sieht
aus wie ein Einkaufszentrum und nicht wie ein Tempel.
Was ist mit dem Wort des Propheten Jesaja passiert, in
dem es um die wahre Bestimmung dieses Gebäudes geht

– ein Haus des Gebetes für alle Nationalitäten und Rassen zu sein? Raus! Hinaus mit euch allen!«

Sie tun doch nur ihre Pflicht

Wenn irgendein Journalist an diesem Tag die Händler interviewt hätte, hätte jeder von ihnen energisch beteuert, dass er das Recht habe, sich an diesem Ort aufzuhalten.

»Wir bieten denen, die in den Tempel kommen, einen wichtigen Dienst an«, hätten sie gesagt. »Wie sonst würden die Leute die geforderten Opfertiere bekommen? Wenn Sie weiter weg wohnen, können sie schlecht ihre Schafe und Kälber durch die Straßen von Jerusalem treiben. Wir garantieren nur einen reibungslosen Ablauf ...« Aber natürlich mit einem entsprechenden Preisaufschlag.

Die Geldwechsler hätten dasselbe ausgesagt. »Jeder muss die Tempelsteuer bezahlen und die Leute können nicht mit griechischem, römischem oder mazedonischem Geld anspaziert kommen. Sie müssen die Münzen verwenden, die hier in Jerusalem geprägt werden. Wir helfen den Leuten, wenn sie Probleme mit den verschiedenen Währungen haben.« Aber auch sie strichen dabei große Profite ein.

Für jeden von uns, der das Evangelium predigt, Musik macht, christliche Materialien veröffentlicht etc., enthalten die Ereignisse eine unbequeme Botschaft: Jesus lässt sich nicht von religiösem Kommerz beeindrucken. Er ist nicht nur daran interessiert, *ob* wir den Willen Gottes tun, sondern auch, *wie* und *warum* wir ihn tun. Am Richterstuhl wird er mir überwiegend Fragen stellen, die nicht mit dem Wachstum oder den Finanzen der

> Jesus lässt sich nicht von religiösem
> Kommerz beeindrucken. Er ist nicht nur
> daran interessiert, *ob* wir den Willen
> Gottes tun, sondern auch, *wie* und
> *warum* wir ihn tun.

Brooklyn Tabernacle-Gemeinde zu tun haben, sondern damit, warum und in welchem Geist ich Pastor dieser Gemeinde war.

Wenn Sie in einem Chor singen, ist die Frage nicht nur, ob Sie richtig singen, sondern warum Sie überhaupt singen.

Unterrichten Sie in der Sonntagsschule in einer Haltung, die Gottes Liebe für die Kinder ausstrahlt, oder aus anderen Gründen?

Ich bin bestürzt über die Verträge, die einige christliche Musikgruppen abschließen. Für ein Konzert in einer Gemeinde verlangen sie eine immense Summe (teilweise vier- oder fünfstellig), zuzüglich Reisekosten, meistens Erste Klasse. Jedes Detail der Unterbringung wird festgehalten, bis hin zu »Sushi für 20 Personen«, das in einem Fall im Hotel serviert werden sollte. Und das alles, damit die Gruppe sich vor ein Publikum stellen kann, das aus sozialen Brennpunkten stammt, und die Leute ermahnen kann, »in allen Nöten auf den Herrn zu vertrauen«.

Unsere Vorfahren pflegten zu sagen, dass eine Versammlung gescheitert war, wenn die Leute sich anschließend darüber unterhielten, wie gut die Predigt war oder wie schön der Chor gesungen hatte. Aber wenn die Leute nach Hause gingen und sagten: »Ist Gott nicht gut? Er ist mir heute Abend auf wunderbare Weise begegnet«, dann war die Versammlung gut. Niemand sollte Gott den Rang ablaufen.

Die Geldwechsler des ersten Jahrhunderts waren im Tempel, aber sie hatten nicht den »Geist des Tempels«. Sie mögen eine berechtigte Rolle dabei gespielt haben, Menschen in deren Anbetung zu unterstützen, aber sie standen nicht im Einklang mit dem Zweck von Gottes Haus.

»Die Atmosphäre im Haus meines Vaters«, so scheint Jesus zu sagen, »soll von Gebet geprägt sein. Bei meinem Vater sollen Menschen in Anbetung und Flehen ihre Herzen öffnen. Das ist kein Ort, an dem man Geld macht. Das ist ein Ort, an dem man Gott anruft.«

Ich möchte damit nicht sagen, dass der Tempel von Jerusalem, der von Herodes dem Großen gebaut wurde, das direkte Gegenstück unserer heutigen Kirchengebäude darstellt. Gott konzentriert seine Gegenwart nicht mehr nur auf ein bestimmtes Gebäude. Das Neue Testament lehrt, dass *wir* nun der Ort sind, an dem er wohnt; er lebt in seinem Volk. Wie viel wichtiger ist vor diesem Hintergrund die Botschaft Jesu darüber, wie wichtig das Gebet ist?

Das Merkmal, das christliche Gemeinden, Christen und christliche Veranstaltungen von anderen unterscheiden soll, ist die Atmosphäre des Gebets. Es ist egal, in welcher Tradition Sie stehen oder ich stehe. Das Haus gehört nicht uns, sondern dem Vater.

Steht in der Bibel irgendwo zwischen Genesis und Offenbarung: »Mein Haus soll ein Haus des Predigens genannt werden?«

Heißt es irgendwo: »Mein Haus soll ein Haus der Musik genannt werden?«

Natürlich nicht.

In der Bibel steht: »Mein Haus soll ein Haus des Gebets für alle Nationen genannt werden.« Predigt, Musik, das Lesen im Wort Gottes – das ist alles schön und gut. Ich bin von all diesen Dingen überzeugt und praktiziere

> Ehrlich gesagt habe ich erlebt, dass Gott im Leben von Menschen in zehn Minuten echten Gebets mehr getan hat als durch zehn von meinen Predigten.

sie. Aber sie sollten nie das Gebet als entscheidendes Merkmal der Wohnung Gottes in Frage stellen. Ehrlich gesagt habe ich erlebt, dass Gott im Leben von Menschen in zehn Minuten echten Gebets mehr getan hat als durch zehn von meinen Predigten.

Das Hauptaugenmerk der Kirche

Ist Ihnen schon einmal aufgefallen, dass Jesus seine Kirche nicht gründete, als jemand predigte, sondern als Menschen beteten? In den ersten beiden Kapiteln der Apostelgeschichte taten die Jünger nichts anderes, als auf Gott zu warten. Und als sie zusammensaßen, Gott anbeteten und mit ihm redeten, sich von ihm verändern, ihren Geist reinigen und die »Herzoperationen« vornehmen ließen, die nur der Heilige Geist durchführen kann, da wurde die Kirche geboren. Der Heilige Geist wurde ausgegossen. Was bedeutet es für unsere heutigen Gemeinden, dass Gott die Kirche in einer Gebetsversammlung gründete, während Gebetsversammlungen in unserer Zeit fast ausgestorben sind?

Bin ich der Einzige, dem es peinlich ist, wenn religiöse Leiter in Amerika über das Schulgebet diskutieren? In vielen Gemeinden gibt es nicht einmal mehr so viel Gebet! Man sollte meinen, dass wir demütig zu diesem Thema schweigen, bis wir in unseren Gemeinden praktizieren, worüber wir predigen.

Ich bin mir sicher, dass es unter der Herrschaft der römischen Kaiser kein Schulgebet gab. Aber die ersten Christen schienen sich damals nicht darum zu kümmern, was Caligula, Claudius oder Nero taten. Konnte irgendein Kaiser Gott aufhalten? Wie konnten die Dämonen der Hölle vorankommen, wenn das Volk Gottes betete und seinen Namen anrief? Unmöglich!

Im Neuen Testament lesen wir nicht, dass Petrus oder Johannes die Hände rangen und sagten: »Oh, was sollen wir bloß machen? Caligula ist bisexuell … Er möchte seinem Pferd einen Sitz im römischen Senat verschaffen … Was für ein schreckliches Vorbild in der Leiterschaft! Wie sollen wir nur auf diesen Skandal reagieren?«

Wir sollten uns nicht selbst etwas vormachen. Lenken wir den Blick nicht vom geschwächten Gebetsleben unserer eigenen Gemeinden ab. Als die Apostel (vgl. Apg 4) ungerechtfertigt verhaftet, ins Gefängnis geworfen und bedroht wurden, riefen sie nicht zu einer Protestveranstaltung auf; sie ergriffen keine politischen Maßnahmen. Stattdessen veranstalteten sie umgehend eine Gebetsversammlung. Schon bald bebte der Ort durch die Macht des Heiligen Geistes (Apg 4,22–23).

Die Apostel hatten einen gesunden Instinkt: »Wenn du Probleme hast, dann bete. Wenn du Angst hast, dann bete. Wenn du vor Herausforderungen stehst, dann bete. Wenn du verfolgt wirst, dann bete.«

Der britische Bibelübersetzer J. B. Philips dachte über das nach, was er beobachtet hatte, nachdem er diesen Abschnitt der Bibel beendet hatte. Im Vorwort zu seiner ersten Ausgabe der Apostelgeschichte schrieb er 1955:

>»Es ist unmöglich, sich mehrere Monate lang eingehend mit diesem bemerkenswerten, kurzen Buch zu beschäftigen ... ohne zutiefst bewegt, und um ehrlich zu sein, auch beunruhigt zu sein. Der Leser ist bewegt, weil er hier zum ersten Mal in der Geschichte des Menschen das Christentum, das Original, in Aktion sieht. Die neu geborene Kirche, so verletzlich wie jedes Kind, ohne Geld, Einfluss oder Macht im herkömmlichen Sinn, geht mutig und voller Freude voran, um die heidnische Welt durch Christus für Gott zu gewinnen [...].*
*Doch man fühlt sich unwillkürlich auch beunruhigt, nicht nur bewegt, da sich die Kirche hier mit Sicherheit so darstellt, wie sie sein soll. Sie ist lebendig und flexibel, noch nicht fett und kurzatmig durch ihren Wohlstand oder mit überentwickelten Muskeln, hervorgerufen durch Überorganisation. Diese Männer unternahmen keine ›Glaubensakte‹, sie glaubten; sie ›sprachen nicht ihre Gebete‹, sondern sie beteten wirklich. Sie hielten keine Konferenzen über psychosomatische Medizin ab, sondern sie heilten die Kranken einfach. Aber wenn sie auch nach modernen Standards unkompliziert und naiv waren, müssen wir doch reuevoll zugeben, dass sie auf eine Weise offen für Gott waren, die heute nahezu unbekannt ist« (J. B. Philips, The Young Church in Action, New York, Macmillan, 1955, S. VII).

Diese besondere Offenheit für Gott fasst das Geheimnis der Kraft in der Urgemeinde zusammen; ein Geheimnis, das sich in den letzten 2 000 Jahren nicht geändert hat.

Keine Nuss ist zu hart

Im 9. Kapitel der Apostelgeschichte findet sich eine faszinierende Anmerkung, als Saulus von Tarsus, der die Kirche unnachgiebig verfolgte, umkehrte und Gott einen Christen brauchte, der ihm diente. Natürlich wollte sich kein Christ freiwillig in Reichweite dieses Mannes begeben. Doch Gott überredete Hananias dazu, indem er sagte: »Steh auf, geh in die Gerade Straße in das Haus von Judas und frag nach Saulus aus Tarsus. Er ist dort und betet« (Vers 11). Das war, so scheint es, der Beweis, der alles veränderte. »Es ist in Ordnung, Hananias … Beruhige dich … Du musst dich nicht fürchten, es ist sicher: Er betet.«

Wir haben in der *Brooklyn Tabernacle*-Gemeinde vor ein paar Jahren erlebt, wie Gott zu einem schweren Sünder durchbrach, als Menschen beteten. Der ganze Evangelisationseinsatz, der Ricardo Aparicio erreichte, wurde im Gebet geboren.

Die meisten Dienste in unserer Gemeinde beginnen nicht mit einer schlauen Idee während eines Pastorentreffens. Normalerweise planen wir Evangelisationsveranstaltungen nicht am grünen Tisch und suchen dann Laienmitarbeiter für die Durchführung. Wir haben im Laufe der Jahre gelernt, dass Gott in geistlich sensiblen Menschen eine Vision wachsen lässt. Diese Menschen fangen an zu beten und spüren eine Berufung. Dann kommen sie zu uns. »Wir möchten gerne dies und jenes machen«, sagen sie, und der Dienst wird aufgebaut. Entmutigung, Komplikationen und andere Angriffe des Feindes können ihm nichts anhaben.

Ein Mann namens Terry und einige andere Mitglieder der Gemeinde machten sich Gedanken um die Subkultur männlicher Prostituierter, die in der *Lower West*

Side von Manhatten blüht, an einem Ort, der »Salzminen« hieß, weil die Stadt dort das Streusalz für den Winterdienst lagerte. Zu dieser Subkultur gehörten bei warmer Witterung mehrere hundert Männer. Sie lebten in alten Autos oder unterirdischen Höhlen; viele von ihnen trugen Frauenkleider und boten sich ihren Kunden an – zu denen zahlreiche wohlhabende Geschäftsleute mit Limousinen gehörten.

Viele von ihnen waren als Kinder von erwachsenen Männern aus der Verwandtschaft missbraucht worden. Bei den »Salzminen« fangen sie bereits im Alter von 16 Jahren an, sind aber nicht älter als 40. In diesem Alter befinden sie sich entweder im Gefängnis, sind an durch Geschlechtsverkehr übertragenen Krankheiten oder einer Überdosis Drogen gestorben. In der Umgebung gibt es viele SM-Bars. Einige der männlichen Prostituierten tragen zu ihrem Schutz Rasiermesser mit sich.

Unser Team begann damit, samstags Essen und Decken zu verteilen, wenn die Männer nicht durch ihre »Arbeit« beschäftigt waren. Obwohl die Männer beträchtliche Summen verdienten, gaben sie diese meist für Drogen aus. Dann blieb ihnen nichts anderes übrig, als Mülltonnen nach Essbarem zu durchwühlen.

Mitleid mit diesen Männern zu haben und ihr zerrüttetes Leben zu verstehen, war extrem schwierig. Wir beteten an den Dienstagabenden eindringlich um Liebe, Mitleid – und Schutz.

Meine Tochter Susan, die damals ein Teenager war, gehörte zu diesem Team. Sie sagte mehr als einmal zu mir: »Papa, es war gestern Abend so frustrierend! Ich redete mit dieser Tunte über Jesus und er hörte mir wirklich zu. Und gerade, als ich dachte, dass wir jetzt endlich zu Potte kommen würden – da kommt diese Limousine angerollt, die hintere Tür öffnet sich einen Spalt, eine Hand winkt – und er ist weg. ›Tut mir Leid, Susan – ich muss mich jetzt ums Geschäft kümmern‹, sagt er noch zu mir.«

Aber es war trotzdem nicht alles umsonst. An einem Sonntagnachmittag, etwa eine halbe Stunde vor dem Nachmittagsgottesdienst, klopfte Terry an die Tür meines Büros.

»Pastor Cymbala! Wir haben 27 Leute aus den ›Salzminen‹ hier! Ist das nicht toll?«

»Wie ist das passiert?«, fragte ich.

»Wir haben ein paar Transporter genommen und sie hergebracht. Für viele ist es heute das erste Mal in ihrem Leben, dass sie in einer Kirche sind.«

Ich erfuhr später, dass einer von unseren Besuchern eine Machete im Ärmel seines Regenmantels hatte, »nur für den Fall«, dass er sie brauchen würde.

Die Gemeinde trug ihre Anwesenheit mit Fassung, auch wenn die Männer nicht unbedingt wie Durchschnittsamerikaner aussahen – oder rochen. Am Ende des Gottesdienstes folgten einige dem Aufruf und vertrauten ihr Leben Jesus an. Andere saßen erstaunt da, als Gemeindemitglieder sie mit Lächeln und Handschlag begrüßten.

Als ich den Mittelgang hinunterging, rempelte ich eine schwarz gekleidete, attraktive Frau mit blonden, schulterlangen Haaren, gepflegten Fingernägeln, schwarzen Strümpfen und hohen Absätzen an.

»Entschuldigen Sie, gnädige Frau«, sagte ich.

Sie drehte sich um … und eine tiefe Stimme mit starkem spanischen Akzent erwiderte: »Ist schon in Ordnung, Mann.«

Mein Herz setzte einen Schlag aus. Das war überhaupt keine Frau. Aber auch kein schlampiger Transvestit. Das war eine Wucht von einer »Frau« – knochendünn, dank Hormonbehandlung keine Körperbehaarung. Als ich genauer hinschaute, entdeckte ich als einzigen Hinweis den Adamsapfel.

Ich schob mich vorsichtig zu meiner Frau durch. »Carol, du wirst es nicht glauben«, flüsterte ich, »aber das da drüben ist ein Mann.«

»Verkauf mich doch nicht für blöd«, sagte sie.

»Ich meine es ernst. Das ist ein Mann – glaub mir.«

Er hieß Ricardo und war auf der Straße unter dem Namen »Sarah« bekannt. Terry berichtete später: »Er war der größte Unruhestifter. Er brachte die ganzen Jungen mit Kokain und Prostitution in Kontakt.« Ricardo ging seinem Gewerbe seit über zehn Jahren nach und inzwischen machte ihm die Eintönigkeit allmählich zu schaffen. Stellen Sie sich die Verzweiflung vor, wenn man jede Nacht auf den Strich geht, um 400 oder 600 Dollar zu verdienen, das Geld sofort für Kokain ausgibt, unter einer Brücke einschläft … und am nächsten Morgen aufwacht und die Mülltonnen nach einem Frühstück durchwühlen muss. Und am nächsten Abend fängt alles wieder von vorne an.

Ricardo besuchte die Gottesdienste, und es dämmerte ihm, dass sein Leben vielleicht auch anders verlaufen könnte. Dieser Jesus könnte vielleicht auch ihn von den Drogen befreien. Vielleicht könnte er ihn sogar in einen echten Mann verwandeln, nicht diese gespaltene Person, von der er annahm, dass sie seiner Persönlichkeit entsprach. Von Kindheit an war er gehänselt worden, weil er so feminin war. Seine Mutter hatte ihn angefleht, seine Homosexualität aufzugeben; er hatte es versucht, aber ohne Erfolg. Seine Willenskraft hatte ihn unzählige Male im Stich gelassen.

Aber der Gedanke, dass Gott stärker war, dass Gott ihn von innen heraus verändern konnte, war neu für ihn.

Ricardo hörte weiter zu und nach etwa einem Monat vertraute auch er Gott sein Leben an. Es war keine dramatische Umkehr; ich weiß nicht einmal genau, wann es geschah. Aber es war echt.

Ich werde nie den Dienstagabend vergessen, an dem wir ihn der Gemeinde vorstellten. Er stand vor uns, etwas schüchtern, in Männerkleidung. Seine blonden Haare waren geschnitten und wuchsen nun an den Wurzeln dunkel nach. Der Nagellack war ab. Unbewusste Gewohnheiten waren von Terry und anderen korrigiert worden: »Nein, Ricardo, schlag die Beine nicht so übereinander. Leg dein Kniegelenk ganz über das andere Knie ...« Es klingt witzig, aber sie mussten ganz von vorne anfangen und ihm beibringen, wie man als Mann sitzt und geht.

Die Gemeinde konnte nicht anders, als Beifall zu klatschen und Gott für dieses Wunder zu loben. Ricardo stand angesichts dieses Lärms völlig verblüfft da. Warum applaudierten ihm diese Leute?

In den folgenden Monaten machte Ricardo in seinem geistlichen Leben große Fortschritte. Es dauerte drei Monate, bis er stabil genug war, um von einer Drogenentzugsmaßnahme akzeptiert zu werden. Nichtsdestotrotz stand seine Hingabe an die Nachfolge Jesu auf festem Fundament. Das Alte war vergangen, das Neue definitiv gekommen.

Ricardo war aus der tiefsten Dunkelheit ins Licht gekommen. Charles Spurgeon hat einmal gesagt, dass ein Juwelier seine besten Diamanten auf schwarzem Samt präsentiert. Denn der Kontrast von Juwelen und dunklem Samt bringt den Glanz erst richtig zur Geltung. In gleicher Weise handelt Gott meistens dann überwältigend, wenn alles hoffnungslos zu sein scheint. Überall, wo es Schmerz, Leid und Verzweiflung gibt, da ist Jesus. Und dahin gehören auch seine Leute – zu den Menschen, die verletzlich sind, die meinen, dass sich niemand um sie kümmert. Gibt es einen Ort, an dem der Glanz Jesu besser leuchten kann?

Ricardo zog schließlich nach Texas. Ich war einmal im Sommer in Dallas und traf ihn zufällig. Es war großartig, die Veränderung zu sehen. Er hatte zugenommen und alle Verhaltensweisen abgelegt, die weiblich gewesen waren. Ich umarmte ihn und dann versetzte er mir einen neuen Schock:

»Pastor, ich wünschte, Sie könnten in zwei Wochen noch einmal kommen. Ich werde heiraten.«

»Sie werden *was?*« In Gedanken wanderte ich zurück zu unserer ersten Begegnung, als er Frauenkleidung getragen hatte.

»Oh, ja«, sagte er. »Ich habe eine Christin kennen gelernt. Sie heißt Betty und wir lieben uns sehr. Wir werden heiraten.«

Die Tatsache, dass Ricardo Aids hatte, machte die Situation kompliziert. Aber mit Hilfe von Beratung und Seelsorge konnten er und Betty ein gemeinsames Zuhause aufbauen.

Ein Vermächtnis

Ein paar Jahre später – etwa um die Weihnachtszeit – saß ich kurz vor Gottesdienstbeginn in meinem Büro. Da erhielt ich die Nachricht, dass Ricardo im Sterben lag und mich sprechen wollte.

Ich sank in meinem Stuhl zurück, und als ich den Hörer aufnahm, begrüßte mich Bettys Stimme: »Hallo, Pastor ... Wenn ich meinem Mann den Hörer gebe, werden Sie nicht viel verstehen können, weil er sehr schwach ist. Aber er erinnert sich noch immer an das, was Sie und Ihre Gemeinde für ihn getan haben.«

Einen Moment später hörte ich eine zerbrechliche, dünne Stimme: »Pastor – Cymbala – so – froh – Sie – zu – hören.«

Ich wusste nicht, was ich sagen sollte.

Ricardo fuhr fort, er quälte jede Silbe heraus: »Ich – vergesse – nie – wie – Sie – alle – mich – geliebt – und – aufgenommen – haben – Danke – vielen – Dank.«

Dann erwachten meine Instinkte als Pastor, und ich setzte zu einer tröstenden kleinen Rede an, um ihm zu sagen, dass er bald im Himmel sein und wir uns irgendwann auf der anderen Seite der Ewigkeit wieder sehen würden …

Aber der Heilige Geist stoppte mich.

»Nein!«, schien eine Stimme zu sagen. »Kämpfe für ihn! Rufe mich an!«

Ich änderte den Kurs. »Ricardo, ich werde jetzt sofort für Sie beten. Versuchen Sie nicht mitzubeten; sparen Sie Ihre Kraft.« Dann begann ich voller Intensität für ihn zu beten und gegen den Tod anzukämpfen, der ihm bedrohlich näher rückte.

»Oh, Herr, berühre Ricardo mit deiner Macht! Die Zeit zum Sterben ist für ihn noch nicht gekommen. Mache ihn wieder gesund, zu deiner Ehre.« Ich erinnere mich, dabei einige Male mit der Faust auf meinen Schreibtisch geschlagen zu haben.

Als ich das Gespräch beendet hatte, unterbrach ich den laufenden Gottesdienst.

»Ich habe gerade mit Ricardo telefoniert, den die meisten von euch noch kennen«, sagte ich. Die Leute schauten mich voller Erwartung an. »Er ist sehr schwer an Aids erkrankt, aber ich möchte, dass wir alle für seine Heilung beten.«

Daraufhin brach ein Schwall von Gebeten los, als die Leute für Ricardo zu Gott riefen.

Ich rief Betty zwei Tage später an. »Pastor Cymbala, es ist unglaublich!«, berichtete sie. »Nach Ihrem Telefonat schlief er ein – und am nächsten Tag kehrten seine Lebensgeister wieder zurück. Nachdem er seit Tagen fast nichts mehr gegessen hatte, aß er wieder etwas.«

Nach drei Wochen flog Ricardo tatsächlich nach New York und kam unangekündigt in eine Gebetsversammlung am Dienstagabend. Den Leuten verschlug es vor Freude den Atem.

In meinem Inneren spürte ich, dass Gott ihn aus einem Grund verschont hatte: Sein Zeugnis sollte auf Video aufgenommen werden, damit auch andere seine bemerkenswerte Geschichte erfahren konnten. Dieses Zeugnis wurde schließlich zu einem packenden achtminütigen Beitrag des Konzertvideos des *Brooklyn Tabernacle*-Chors (»Live at Madison Square Garden«, *Warner Alliance*). Die Kraft dieses Zeugnisses, das auf den Straßen der »Salzminen« aufgenommen wurde, ist fesselnd. Sie mag zum Teil erklären, warum dieses Video überraschenderweise mehrere Monate lang auf der nationalen *Billboards*-Bestsellerliste zu finden war.

Als ich Ricardo einige Jahre später zum letzten Mal sah, hatte er wieder an Gewicht verloren.

»Ich bin so müde«, sagte er. »Ich habe jetzt lange genug gegen diese Krankheit angekämpft; jetzt will ich nur noch zu Jesus gehen. Ich kann jetzt gehen, weil Sie mich gefilmt haben und auch in vielen Jahren noch alle wissen werden, was Jesus in meinem Leben getan hat.«

Nicht lange danach starb er.

Das Geheimnis der Gnade

Ricardos Geschichte ist der Beweis dafür, wie Gott als Antwort auf inständiges Gebet handelt. Es gibt niemanden, der von seiner Gnade ausgenommen ist. Keine Situation an keinem Ort der Erde ist für Gott zu schwierig.

Der Apostel Paulus, der selbst diese Gnade erlebt hatte, predigte und schrieb danach immer wieder darüber. Im Brief an die Römer, Kapitel 10, Verse 13 bis 15 umreißt er eine Ereigniskette, die die neutestamentliche Erlösung beschreibt:

»›Alle, die sich zum Herrn bekennen und seinen Namen anrufen, werden gerettet.‹ Sie können sich aber nur zu ihm bekennen, wenn sie vorher zum Glauben gekommen sind. Und sie können nur zum Glauben kommen, wenn sie die Botschaft gehört haben. Die Botschaft aber können sie nur hören, wenn sie ihnen verkündet worden ist. Und sie kann ihnen nur verkündet werden, wenn Boten mit der Botschaft ausgesandt worden sind.«

In Gemeinden wird dieser Vers oft im Zusammenhang mit Mission genannt. »Wir müssen heute eine großzügige Kollekte sammeln, damit wir Prediger aussenden können«, heißt es dann – und das ist auch richtig so. Aber es ist nur der Anfang von Paulus' Argumentationskette.

Senden führt zu *Predigen*.

Predigen führt zu *Hören*

Hören führt zu *Glauben*.

Glauben führt zu *Anrufen des Namens des Herrn*.

Achten Sie darauf, dass Glauben nicht der Höhepunkt der Kette ist. Selbst die großen protestantischen

Reformer, die uns den Grundsatz *sola fide* – allein durch den Glauben – lehrten, predigten auch, dass die intellektuelle Überzeugung alleine noch keine Erlösung bringt. Es gibt noch einen weiteren Schritt, der einen echten und lebendigen Glauben beweist, und dieser Schritt besteht darin, den Namen des Herrn aus ganzem Herzen und ganzer Seele anzurufen.

Die deutlichsten Anweisungen für das Leben in der Gemeinde finden sich in den Pastoralbriefen, wo Paulus jungen Pastoren wie Timotheus Verhaltensregeln gibt. Der Apostel konnte es nicht direkter formulieren als im 1. Timotheus-Brief, Kapitel 2, Vers 1:

> »Das Erste und Wichtigste, wozu ich die Gemeinde aufrufe, ist das Gebet, und zwar für alle Menschen. Bringt Bitten und Fürbitten und Dank für sie alle vor Gott!«

Warum? Warum an erster Stelle, vor allem anderen? »Nun, Timotheus, mein Sohn, wir müssen daran denken, dass Gottes Haus ein Bethaus genannt werden soll.«

Weiter unten im selben Kapitel (Vers 8) schreibt Paulus: »Ich will, daß überall in den Gottesdiensten die Männer reine Hände zu Gott erheben, im Herzen frei von Zorn oder Streitsucht.« Das ist das Erkennungszeichen einer christlichen Gemeinde.

Im Buch der Offenbarung heißt es, dass die 24 Ältesten, die vor Jesus auf die Knie fallen, in den Händen goldene Schalen tragen – und wissen Sie, was sich in den Schalen befindet? Was ist dieser Duft, der ein Wohlgeruch für Christus ist? »Das sind die Gebete der Menschen« (Offb 5,8).

Stellen Sie sich diese Situation einmal vor: Sie und ich knien oder stellen oder setzen uns zum Gebet hin,

94

wir öffnen Gott unsere Herzen wirklich – und was wir sagen, ist ihm so kostbar, dass er es wie einen Schatz behandelt.

Kennen Sie an dem Ort, an dem Sie leben, eine Gemeinde, die einen wichtigen Abend der Woche, an dem alle Leiter anwesend sind, ausschließlich für Gebet reserviert, weil Gebet in der Definition Jesu von Kirche einen so zentralen Stellenwert einnimmt?

In Amerika gibt es einen Tag im Jahr, der als nationaler Tag des Gebets gilt. Haben wir irgendein Recht dazu, Bürgermeister und Senatoren zu bitten, zu einer besonderen Veranstaltung zu erscheinen, bei der die Medien präsent sind, wenn wir in unseren Gemeinden keine regelmäßigen Gebetsversammlungen abhalten? Wenn das Gebet so wichtig ist – warum beten wir dann nicht wenigstens einmal pro Woche?

Wie kommt es, dass Christen heute 40 Mark Eintritt für ein christliches Konzert bezahlen, aber Jesus keine Menschenmassen mehr anzieht?

Ich habe für mich persönlich entschieden, dass die Gebetsversammlung am Dienstagabend so wichtig ist, dass ich mich nie zwei Dienstage hintereinander außerhalb der Stadt aufhalten werde. Wenn das bedeutet, dass ich Einladungen, irgendwo im Land als Redner aufzutreten, absagen muss, dann sei's drum. Warum sollte ich lieber irgendwo anders sein?

In der Bibel stehen folgende Verheißungen:

»Bittet, und ihr werdet bekommen! Sucht, und ihr werdet finden! Klopft an, und es wird euch geöffnet!« (Mt 7,7).

»Ihr bekommt trotzdem nicht, was ihr wollt, weil ihr Gott nicht darum bittet« (Jak 4,2).

Es ist an der Zeit zu sagen: »Stopp! Wir werden jetzt beten, weil Gott versprochen hat, einzugreifen, wenn wir beten.«

Die traurige Wahrheit ist, dass sich in der Stadt, in der ich lebe – ähnlich wie in Chicago, Philadelphia, Houston und Los Angeles –, mehr Menschen Crack als Christus zuwenden. Mehr Menschen versinken in Drogen, als sich im Wasser taufen zu lassen. Was kann diesen Trend umkehren? Predigten alleine werden es nicht schaffen; Bildungsangebote werden es nicht schaffen; mehr Geld für mehr Projekte kann es nicht erreichen. Nur die Umwandlung des Hauses Gottes in ein Haus des Gebets kann die Macht des Bösen abwenden, die heute in der Welt so stark präsent ist.

Das fehlende Element

In den vergangenen 30 Jahren wurden mehr Bücher zum Thema »Ehe« geschrieben als in den letzten 2 000 Jahren der Kirchengeschichte. Aber fragen Sie einen beliebigen Pastor in Amerika, und er wird Ihnen bestätigen, dass es heute mehr zerrüttete Ehen gibt als in jeder anderen Epoche. Wir haben das nötige Wissen, aber dennoch brechen Familien auseinander.

Ein Ehepaar, das miteinander betet, bleibt zusammen. Ich will hier nichts vereinfachen; es gibt in jeder Ehe schwierige Situationen. Aber Gottes Wort gilt: »Rufe mich an, und ich werde dir helfen. Gib mir eine Chance!«

Dasselbe gilt auch für den Bereich »Erziehung«. Wir können Stapel von Büchern über Kindererziehung besitzen und »Qualitätszeit« mit unseren Kindern verbringen. Und doch haben wir heute mehr Probleme mit jungen Menschen als je zuvor. Das liegt nicht daran, dass uns das Wissen fehlt; es liegt vielmehr daran, dass wir uns nicht nach der Macht und Gnade Gottes ausgestreckt haben.

Stellen Sie sich vor, in den letzten 25 Jahren wäre die Hälfte der Zeit und Energie, die auf Schreiben, Veröffentlichen, Lesen und Diskutieren von Büchern über die christliche Familie aufgewendet worden ist, in Gebet für unsere Ehen und Kinder investiert worden. Ich bin sicher, dass unsere Gesellschaft heute in einem wesentlich besseren Zustand wäre.

J. B. Philips schreibt hierzu:

»Der Heilige Geist hat eine Art, menschliche Probleme zu umgehen. Genau wie Jesus als Mensch die verfilzten Schichten der Traditionen durchbrach und den Kern der Sache offen legte; [...] so sehen wir hier [in der Apostelgeschichte], *dass der Geist Jesu sich weniger um Probleme als um Menschen kümmert. Viele Probleme, die mit der Komplexität unserer modernen Probleme vergleichbar wären, treten hier nie auf, weil die Männer und Frauen eines Herzens und eines Sinnes im Geist waren [...]. Da es nicht denkbar ist, dass sich Gottes Heiliger Geist im Laufe der Jahrhunderte auch nur um ein Iota verändert hat, [...] kann er auch heute noch viele menschliche Probleme durch einen Strom an Liebe, Weisheit und Erkenntnis umgehen«* (Ebd., S. VIII).

Aus diesem Grund macht der Verfasser des Hebräer-Briefes die zentrale Beschäftigung für alle Christen deutlich: »Darum wollen wir mit Zuversicht vor den Thron unseres gnädigen Gottes treten. Dort werden wir, wenn wir Hilfe brauchen, stets Liebe und Erbarmen finden« (Hebr 4,16). Es heißt hier nicht: »Lasst uns zur Predigt kommen.« In Amerika haben wir die Predigt zum Kernstück der Gemeinde gemacht, was nie in Gottes Absichten lag. Prediger, die ihre Aufgabe wirklich gut erfüllen, bringen Menschen dazu, vor den Thron der Gnade zu treten. Das ist die wahre Quelle von Gnade und Barmherzigkeit.

Jeden Prediger und jeden Sänger wird Gott eines Tages fragen: »Hast du Menschen an den Ort gebracht, der wirklich zählt – an den Thron der Gnade? Wenn du sie nur unterhalten hast, wenn du nur ihre Ohren gekitzelt und ihnen ein gutes Gefühl verschafft hast, dann wehe dir. Am Thron der Gnade hätte ich ihr Leben verändern können. Hast du die Menschen mit deiner Cleverness geblendet oder hast du in ihnen einen Hunger nach mir geweckt?«

Wenn ein Gottesdienst oder eine Gemeindeveranstaltung nicht damit endet, dass Menschen Gott nah sind, was für eine Veranstaltung ist das dann? Wir sind Gott nicht wirklich begegnet. Wir haben den Einen nicht

> Wenn ein Gottesdienst nicht damit endet, dass Menschen Gott nah sind, was für eine Veranstaltung ist das dann? Wir sind Gott nicht wirklich begegnet. Wir haben den Einen nicht gesehen, der genug Macht hat und liebevoll genug ist, um unser Leben zu verändern.

gesehen, der genug Macht hat und liebevoll genug ist, um unser Leben zu verändern.

Ich bin mir sehr bewusst, dass wir nicht alles bekommen, worum wir bitten; wir müssen im Einklang mit

Gottes Willen bitten. Aber wir sollten keine theologischen Ausweichmanöver unternehmen, um der Tatsache nicht ins Auge sehen zu müssen, dass wir oft ohne die Dinge leben, die Gott uns hier und heute geben möchte; und das ganz einfach nur deshalb, weil wir nicht darum bitten. Nur selten sind wir ehrlich genug zuzugeben: »Herr, ich schaffe das nicht alleine. Ich bin jetzt zum 32. Mal gescheitert und ich brauche dich.«

Die Worte des alten Chorals sind wahr:

>*Oh, welchen Frieden vergeben wir uns oft,*
>*Oh, welchen sinnlosen Schmerz tragen wir,*
>*Und das alles, weil wir nicht alles*
>*Im Gebet zu Gott bringen.*«

Gott hat das Gebet als Kanal für seinen Segen gewählt. Er hat vor uns einen Tisch ausgebreitet, der mit aller Art von Weisheit, Gnade und Stärke gedeckt ist, weil er genau weiß, was wir brauchen. Aber es gibt für uns nur eine Möglichkeit, dies alles zu bekommen: Wir müssen zum Tisch gehen und schmecken und sehen, dass der Herr gut ist.

Und diesem Hingehen zum Tisch entspricht das *Gebet des Glaubens*.

Mit anderen Worten: Gott hält uns nicht zum Gebet an, um uns irgendeinen Druck aufzuerlegen. Es geht hier nicht um Gesetzlichkeit. E. M. Bounds schrieb:

>*Gebet sollte in die geistlichen Gewohnheiten eingehen, aber es hört auf, Gebet zu sein, wenn es nur aus Gewohnheit geschieht [...]. Sehnsucht verleiht dem Gebet Leidenschaft. Die Seele kann nicht teilnahmslos bleiben, wenn sie von einer großen Sehnsucht bestimmt und entflammt ist [...]. Eine starke Sehnsucht*

lässt Gebete stark werden [...]. Die Vernachlässigung des Gebets ist ein schreckliches Anzeichen für den Tod geistlicher Sehnsüchte. Die Seele hat sich von Gott abgewendet, wenn die Sehnsucht nach ihm sie nicht länger umtreibt. Ohne Sehnsucht kann es kein echtes Gebet geben« (Lyle Wesley Dorsett, *E. M. Bounds, Man of Prayer,* Grand Rapids, Zondervan, 1991, S. 134).

Gott sagt zu uns: »Betet, denn ich habe alles für euch; und wenn ihr bittet, werdet ihr bekommen. Ich habe diese ganze Gnade, und ihr lebt in Kargheit. Kommt zu mir, alle, die ihr mühselig und beladen seid. Warum seid ihr so gehetzt? Wohin rennt ihr? Ich habe alles, was ihr braucht.«

Wenn die Zeiten wirklich so schlecht sind, wie wir sagen, wenn die Dunkelheit in unserer Welt wirklich immer schwärzer wird, wenn wir in unseren eigenen Familien und Gemeinden geistliche Schlachten schlagen müssen, dann wäre es unklug, sich nicht an den Einen zu wenden, der uns uneingeschränkte Gnade und Kraft schenken will. Er ist unsere einzige Quelle. Wir wären verrückt, wenn wir ihn ignorierten.

Teil II

Ablenkung vom
Willen Gottes

Kapitel 6

Eine Zeit des Bebens

S tellen Sie sich vor, Sie befinden sich an einem Januarabend in den 60er Jahren im *Madison Square Garden* und schauen sich ein Basketballspiel zwischen zwei Collegemannschaften an. Die *Rhode Island Rams*, mein Team, sind nach New York gereist, um gegen *Fordham* oder *St. John's* zu spielen. Sie nehmen kurz vor dem Anpfiff Ihren Platz am Spielfeldrand ein.

Nach acht oder neun Minuten liegen die Rams mit 7 zu 23 im Rückstand. Wir vermasseln Ballwechsel, wir spielen keine agressiven Rebounds, wir geben schnelle Breaks ab.

Der Trainer bittet um eine Auszeit. Wir sammeln uns und ein Spieler sagt: »Ist das nicht toll? Wir spielen im Madison Square Garden!«

Ein anderer sagt: »Mit gefallen die goldenen Tressen auf den Uniformen. Sieht toll aus auf dem Weiß, oder?«

Ein Dritter winkt seiner Tante Erika zu, während ein Vierter schnell losläuft, um seiner Freundin einen Kuss zu geben.

Wenn sich das tatsächlich zugetragen hätte, was hätte der Trainer wohl gesagt? »Hey! Würdet ihr bitte mal auf die Anzeigetafel schauen? Wir werden hier gerade vernichtend geschlagen! Wenn ihr also wieder da raus geht, will ich von euch eine geschlossene Manndeckung sehen, sowohl im Angriff als auch in der Verteidigung.

Kein Schlafwandeln mehr! Wir gehen baden, wenn ihr nicht endlich aufwacht!«

Als reale Mannschaft hätten wir uns nicht einreden oder glauben machen können, dass wir gut spielten. Die Anzeigetafel war das unausweichliche Signal, dass wir unsere Spieltaktik ändern mussten.

Die christliche Welt »spielt« heute nicht annähernd so gut, wie wir denken. Wir verwechseln oft Glaube mit Fantasie. Obwohl der Verfasser des Hebräer-Briefes erklärt, dass es unmöglich ist, »daß Gott an jemand Gefallen hat, der ihm nicht vertraut« (Hebr 11,6), scheinen wir Experten darin geworden zu sein, jeder beliebigen Situation ein positives Gesicht zu verleihen. »Wir leben in wundervollen Zeiten«, rufen Prediger aus. »Was für eine großartige Zeit, in der Gott seinem Volk seinen Segen in so reichem Maße zukommen lässt.«

Gleichzeitig berichtet der christliche Forscher George Barna, dass 64 % der »wiedergeborenen« Amerikaner und 40 % der »evangelikalen« Amerikaner nicht davon überzeugt sind, dass es so etwas wie eine absolute Wahrheit gibt. Mit anderen Worten: Die zehn Gebote können Geltung haben oder nicht, Jesus Christus ist nicht unbedingt der einzige Weg zu Gott usw. Was bedeutet bei diesem nachlässigen Denken dann noch der Begriff »wiedergeboren«? In unserer Jagd nach »Erfolg« und »Wachstum« haben wir den Kern des Evangeliums revidiert und verdreht.

Über drei Viertel des gegenwärtigen Gemeindewachstums, fügt Barna hinzu, besteht aus so genanntem »Transferwachstum« – Menschen, die von einer Gemeinde in eine andere wechseln. Trotz aller christlichen Werbemaßnahmen und Kampagnen wächst die christliche Bevölkerung zahlenmäßig nicht. Der durchschnittliche Gottesdienstbesuch lag im Jahr 1996 bei 37 % der

Bevölkerung, was einem Rekordtief entspricht – und das, obwohl 82 % aller Amerikaner von sich behaupten, Christen zu sein.

Und doch sind sich alle darin einig, dass in unserer Gesellschaft Promiskuität, Gewalt und andere negative Verhaltensweisen von Tag zu Tag zunehmen. Was ist also aus der Kirche geworden? Ist sie in dieser Welt noch immer »Licht« und »Salz«? Wie beurteilen diejenigen im Leib Christi, die alles positiv sehen, diese Entwicklung?

Willkommen in Laodizea

Wir haben ernsthafte Probleme. Es ist an der Zeit, aufzuwachen und sich den Tatsachen zu stellen.

Mit einigen Ausnahmen gleichen wir der Gemeinde in Laodizea. Wir haben die Verhältnisse von Laodizea tatsächlich schon so sehr institutionalisiert, dass wir lauwarm für die Normaltemperatur halten. Jede Gemeinde, die mehr als nur eine Hand voll Menschen für Christus gewinnt, gilt als »außergewöhnlich«.

Die ernsten Worte Jesu gelten uns genauso wie den Christen am Ende des ersten Jahrhunderts:

>»Ich kenne euer Tun und sehe, daß ihr weder warm noch kalt seid. Wenn ihr wenigstens eins von beiden wärt! Aber ihr seid weder warm noch kalt; ihr seid lauwarm. Darum werde ich euch aus meinem Mund ausspucken. Ihr sagt: ›Wir sind reich und gut versorgt; uns fehlt nichts.‹« (Offb 3,15–17).

Mit anderen Worten: Sie formulierten ein wunderschönes »positives Bekenntnis«. Sie verkündeten Sieg und

Segen. Das Problem war nur, dass Jesus davon überhaupt nicht beeindruckt war. Er antwortete ihnen darauf:

»Aber ihr wißt nicht, wie unglücklich und bejammernswert ihr seid. Ihr seid arm, nackt und blind. Alle, die ich liebe, weise ich zurecht und erziehe sie. Macht also Ernst und kehrt um« (Offb 3,17.19)!

Harte Worte. Jesus geht immer streng mit denen um, die er liebt. »Gibt es einen Sohn, der von seinem Vater nicht mit Strenge erzogen wird?«, fragt der Verfasser des Hebräer-Briefes (Hebr 12,7).

Die Laodizäer waren die Heiligen Gottes, sie konnten alle Verheißungen in Anspruch nehmen. Sie waren Teil des Leibes Christi – sie sangen Lieder, trafen sich am Sonntag zum Gottesdienst, genossen materielle Vorteile und betrachteten sich zweifellos als »gerechter« als ihre heidnischen Nachbarn. Und doch standen sie kurz davor, »ausgespuckt« zu werden. Was für ein Weckruf!

Die erste Konfrontation

Wenn der Leib Christi in Schwierigkeiten gerät – egal, ob durch eigene Nachlässigkeit wie in Laodizea oder durch einen Angriff Satans –, ist verstärktes Handeln gefordert. Wir können nicht die Hände in den Schoß legen und hoffen, dass sich das Problem von selbst löst.

Wir können von dem lernen, was die Urgemeinde tat, wenn Probleme auftraten.

Die Jünger waren drei Jahre lang mit Jesus gereist und kannten seine Lehre. Sie wurden vom Meister selbst in die Nachfolge geleitet. Aber Lehre alleine reicht nie aus, auch nicht, wenn sie von Jesus selbst stammt. Da sie die Vollmacht des Heiligen Geistes nicht besaßen, verhielten sich die Jünger bei der Verhaftung Jesu wie Feiglinge.

Als sie erst einmal an Pfingsten bevollmächtigt worden waren, wurde die Kirche siegreich und »militant«. Nachdem sich der Geist Gottes voller Gnade gezeigt hatte, standen die Jünger ihren ersten Zuhörern gegenüber. Petrus, der größte Versager von allen, wurde der Mann des Tages. Es war kein homiletisches Meisterstück, so viel ist sicher. Aber die Menschen waren von seinen Worten tief bewegt – »mitten ins Herz getroffen«, wie es in Apostelgeschichte, Kapitel 2, Vers 37, heißt. An diesem einen Tag stießen 3 000 Menschen zur Gemeinde hinzu.

Zu welcher Gemeinde? Baptisten? Presbyterianer? Pfingstler? Damals gab es solche Etiketten noch nicht – und in Gottes Augen gibt es sie auch heute nicht. Er sieht über unsere Kategorien hinweg. Er sieht nur den Leib Christi, der aus allen Wiedergeborenen, mit dem Blut Jesu gewaschenen Gläubigen besteht. Die einzigen Unterteilungen, die er sieht, sind geografischer Natur – einzelne Ortsgemeinden. Andere Unterscheidungen sind bedeutungslos.

Ich finde es seltsam, dass wir Christen vehement verteidigen, was im 4. Kapitel des Epheser-Briefes über den »einen Herrn« (kein Polytheismus) und den »einen Glauben« (Erlösung durch Christus alleine) steht. Aber wenn es um den »einen Leib« geht, werden wir merkwürdig still (Eph 4,4–6). An diesem Punkt bringen wir historische und andere Entschuldigungen für die beschämenden Trennungen innerhalb der Kirche vor.

Die ersten Christen begannen dynamisch und mit Vollmacht. Sie waren vereint, beteten ausdauernd, waren vom Heiligen Geist erfüllt, gingen hinaus, um das

Werk Gottes auf Gottes Weise zu tun, und sie sahen Ergebnisse, die Gott verherrlichten. Das war die Kirche, die die Pforten der Hölle überwand, wie Jesus sie beschrieb.

Eines Tages ereignete sich ein öffentliches Wunder – die Heilung des Lahmen, die in Apostelgeschichte, Kapitel 3 berichtet wird. Dieses Wunder zog eine weitere Menschenmenge und eine weitere Predigt von Petrus nach sich. Tausende von Menschen kamen zum Glauben an Christus.

Dann kam der erste Angriff. Die Priester, die Sadduzäer und der Befehlshaber der Tempelwache

> »waren aufgebracht, weil die Apostel sich herausnahmen, das Volk zu lehren und am Beispiel von Jesus die Auferstehung der Toten zu verkünden. Darum nahmen sie die beiden [Petrus und Johannes] fest und brachten sie bis zum nächsten Tag ins Gefängnis; es war nämlich schon Abend« (Apg 4,2–3).

Jesus hatte sie gewarnt, dass auch schwierige Zeiten kommen würden. Nun waren diese da. Auch wenn die Angriffe später in Form falscher Lehrer oder interner Spaltungen auftreten sollten, war dieser Schlag rein körperlich und ganz frontal.

Doch auf die jüdischen Leiter wartete eine Überraschung.

> »Die Mitglieder des jüdischen Rates waren überrascht, mit welcher Sicherheit Petrus und Johannes sich verteidigten, obwohl sie offenkundig keine Gelehrten waren, sondern einfache Leute. Es war ihnen schnell klar, daß die beiden zur Gefolgschaft von Jesus gehörten« (Apg 4,13).

Diese Fischer schienen arglos, aufrichtig, aber voller Vertrauen auf Gott – ganz das Gegenteil von dem, was wir heute so oft sehen. Ich bin überzeugt, das ist der Grund dafür, dass wir heutzutage auf der Kanzel mehr brillante Reden und weniger Vollmacht erleben.

Die Apostel wurden freigelassen, unter der Bedingung, die Gute Nachricht nicht weiter zu verbreiten. Wie reagierten sie darauf? Was taten sie?

Sie schrieben keine Petition an die Regierung. Sie rangen nicht die Hände über diese unfaire Behandlung. Sie beschwerten sich nicht darüber, dass sie ihre Redefreiheit verloren, obwohl sie überzeugende Argumente dafür hatten, dass es dem Römischen Reich mit seiner Palette von Göttern ziemlich egal sein dürfte, wenn sie von einem Gott namens Jesus sprachen. Die Jünger hätten eine ganze Menge unternehmen können, um die öffentliche Meinung für sich zu beeinflussen. Aber in ihren Augen war dies kein politisches Problem – es war ein geistliches Problem. Sie gingen sofort zu den Christen, die sich versammelt hatten, und begannen zu beten. Sie wandten sich unmittelbar an die wirkliche Quelle der Macht:

»Herr, du hast Himmel, Erde und Meer geschaffen und alles, was lebt. Höre nun, Herr, wie sie uns drohen! Gib uns, deinen Dienern und Dienerinnen, die Kraft, deine Botschaft mutig und offen zu verkünden! Hilf uns dabei und zeige deine Macht! Laß Heilungen und andere Wundertaten geschehen durch den Namen deines heiligen Bevollmächtigten Jesus« (Apg 4,24.29–30)!

Genau das hatten ihnen die Propheten durch die Jahrhunderte hindurch zu tun aufgetragen: »Wenn euch jemand angreift, wenn ihr vor einer neuen Herausforderung steht, in allen Umständen, zu allen Zeiten, ruft den Namen des Herrn an, und er wird euch helfen.«

Es klingt so, als ob das Gebet noch etwas energischer, vielleicht auch etwas lautstärker wurde: »Als sie das hörten, erhoben sie einmütig ihre Stimme zu Gott« (Vers 24; Einheitsübersetzung). Wenn wir solche Verse lesen, sollten wir sie nicht in den Kontext unserer eigenen Tradition zwingen. Würden Sie sich oder ich mich an diesem Tag in diesem Raum wohl gefühlt haben? Das spielt keine Rolle. Das hier ist eine lebendige Kirche, die uns ein vom Heiligen Geist inspiriertes Vorbild für heute gibt.

Dies ist das einzige Gebet in der ganzen Apostelgeschichte, das länger als ein oder zwei Sätze ist. Zweifellos handelt es sich hier nur um eine Zusammenfassung dessen, was die Gruppe an diesem Tag in den verschiedensten Formulierungen betete. Doch gibt es uns einen Einblick in das Gebetsleben der Urgemeinde. Wir sollten diesem Gebet genauso viel Achtung und Aufmerksamkeit widmen wie dem langen Gebet Jesu im Garten Getsemani (Joh 17).

Ist es nicht seltsam, dass die Gruppe um Mut bat? Wir hätten eher erwartet, dass sie betete: »Herr, hilf uns, einen sicheren Ort zu finden. Wir müssen ein paar Wochen lang den Kopf einziehen, bis sich die Aufregung gelegt hat. Wir werden außer Sichtweite bleiben, und wenn du die Sanhedrin irgendwie dazu bringen könntest, uns zu vergessen ...«

Nichts dergleichen. Sie beteten vielmehr darum, nicht klein beizugeben. Sie baten Gott, ihnen dabei zu helfen, weiter vorwärts zu gehen. Der Gedanke an Rückzug war ihnen völlig fremd.

Und wie reagierte Gott?

»Als sie geendet hatten, bebte die Erde an ihrem Versammlungsort. Alle wurden vom Heiligen Geist erfüllt und verkündeten die Botschaft Gottes ohne Furcht« (Vers 31).

Als der Sänger Steve Green zum ersten Mal in unserer Gemeinde auftrat, trafen wir uns zusammen mit den Co-Pastoren in meinem Büro, um für die Veranstaltung zu beten. Wir beteten einstimmig, dass Gott in unsere Mitte käme.

Als wir die Augen wieder öffneten, hatte Steve einen merkwürdigen Gesichtsausdruck. »Was war das für ein Vibrieren, das ich gerade gespürt habe?«, fragte er. »Fährt hier in der Nähe ein Zug oder war das wirklich …?«

Ich erklärte ihm, dass das Rumpeln sehr wahrscheinlich nicht durch die Kraft des Heiligen Geistes verursacht worden war – schön wäre es! Vielmehr kam es von der U-Bahn, die direkt neben unserem Haus verlief.

Doch für die ersten Christen, die sich an diesem Tag in Jerusalem versammelt hatten, war das Vibrieren eindeutig vom Heiligen Geist verursacht. In dieser Gebetsversammlung kam Gottes Macht auf frische, neue und tiefere Weise über sie. Diese Menschen waren bereits am Pfingsttag vom Heiligen Geist erfüllt worden (vgl. Apg 2), aber hier spürten sie ein neues Bedürfnis. Und Gott stillte es, indem er ihnen neue Kraft schenkte.

Ich bin mir bewusst, dass sich Christen heute nicht einig sind, ob die Erfüllung (Taufe, Bevollmächtigung) mit dem Heiligen Geist Teil des Erlösungs-Paketes ist oder eine separate, nachfolgende Erfahrung. Egal, was Sie oder ich glauben, lassen Sie uns einfach davon ausgehen, dass es sich hier in diesem Text um gläubige Christen handelt, die eine neue Erfüllung mit dem Heiligen Geist erleben. Die Apostel behaupteten nicht, bereits alles zu haben, was sie brauchten. Als sie nun unter Beschuss standen, bekamen sie vom Heiligen Geist neue Kraft, neuen Mut und neues Feuer.

Unser Vorrat an geistlicher Macht scheint sich im Laufe der Zeit aufzulösen. Der Alltag, Ablenkungen und geistliche Angriffe fordern ihren Tribut. Wir müssen uns, wie es Paulus in seinem Brief an die Gemeinde in Ephesus formulierte, »immer wieder vom Heiligen Geist erfüllen lassen« (Eph 5,18).

Positionelle Theologie ist gut, insofern sie sich auf Aussagen wie »Ich bin Gottes Kind, egal, wie ich mich im Augenblick fühle« beschränkt. Aber wenn wir uns zu Aussagen wie »Ich bin ganz sicher für den Rest meines Lebens mit dem Heiligen Geist erfüllt« hinreißen lassen, betrügen wir uns selbst.

Kann jemand, ohne die Miene zu verziehen, behaupten, dass die Gemeinde von Laodizea zu dem Zeitpunkt, an dem Jesus seinen Brief an sie richtete, vom Geist erfüllt war? Die Laodizäer waren Christen, das ist sicher. Aber sie brauchten unbedingt eine Gebetsversammlung der Art, wie sie im 4. Kapitel der Apostelgeschichte beschrieben wird.

Andrew Bonar schrieb am 13. Dezember 1880 in sein Tagebuch:

> *»Ich sehne mich mehr und mehr danach, vom Geist erfüllt zu werden und zu erleben, wie meine Gemeinde bewegt und unter dem Wort Gottes geschmolzen wird, wie zu den Zeiten der großen Erweckungen, ›als die Erde an dem Ort bebte, an dem sie sich versammelt hatten‹, weil der Herr in Macht gekommen war«* (Andrew A. Bonar, *Heavenly Springs,* Carlisle, PA, Banner of Truth Trust, 1904, S. 34).

Egal, ob wir uns klassische Evangelisten, Traditionalisten, Fundamentalisten, Pfingstler oder Charismatiker nennen, wir müssen alle der Tatsache ins Auge blicken, dass uns die wahre Kraft fehlt. Wir müssen um neue Erfüllung mit dem Heiligen Geist bitten. Wir brauchen den frischen Wind Gottes, um aus unserer Lethargie zu erwachen. Wir dürfen uns nicht länger hinter irgendwelchen theologischen Argumenten verschanzen. Die Zeit, in der wir leben, ist zu finster und zu gefährlich.

Vorwärts

Das Werk Gottes kann nur durch die Macht Gottes weitergehen. Die Kirche ist ein geistlicher Organismus, der geistliche Schlachten kämpft. Nur geistliche Kraft kann sie so funktionieren lassen, wie es von Gott gedacht war.

Der Schlüssel ist weder Geld, noch Organisation, Cleverness oder Bildung. Erleben Sie und ich die Ergebnisse, die Petrus erlebte? Bringen wir wie er Tausende von Männern und Frauen zu Christus? Wenn nicht, müssen wir zurück zu seiner Kraftquelle gehen. Egal, in welcher Kultur oder Gesellschaft, in welcher Stadt oder welchem Ort – Gott fehlte nie die Macht, durch alle möglichen Menschen zur Ehre seines Namens zu wirken.

Wenn wir uns aufrichtig Gott zuwenden, werden wir merken, dass sich seine Gemeinde immer vorwärts und nie rückwärts bewegt. Wir können uns nie auf das zurückziehen oder an das anpassen, was die Welt will oder erwartet. Unsere Haltung muss militant, aggressiv und mutig bleiben.

Diese Haltung charakterisierte General William Booth und die ersten Heilsarmisten, als sie in die Slums von

London gingen. Sie charakterisierte die frühen Missionsbewegungen, wie etwa die Moravier. Sie charakterisierte Hudson Taylor in China genauso wie die Anhänger der Erweckungsbewegung in Amerika. Diese Christen verhielten sich nicht wie Elefanten im Porzellanladen, aber sie sprachen furchtlos die Wahrheit in Liebe aus.

In der bekannten Geschichte von David und Goliath gibt es einen wunderschönen Moment, als der Riese beim Anblick seines jugendlichen Gegners zornig wird: »Was willst du denn mit deinem Stock? Bin ich vielleicht ein Hund?« (1 Sam 17,43). Goliath ist wirklich beleidigt. »Komm nur her, [...] dein Fleisch will ich den Geiern und Raubtieren zu fressen geben!« (Vers 44).

Schreckt David zurück? Entscheidet er sich für einen strategischen Rückzug hinter irgendeinen Baum oder einen Felsblock, um damit etwas Zeit zu gewinnen?

Nein: »Goliath ging vorwärts und kam auf David zu. David lief ihm entgegen.«

Das erwartet Gott auch von uns heute: dass wir dem Kampf nicht ausweichen, sondern entgegenlaufen.

Davids Bewaffnung war lächerlich: eine Schleuder und fünf Steine. Aber es spielte keine Rolle. Gott gebraucht auch heute noch vermeintlich einfache Mittel in der Hand von schwachen Menschen zum Bau seines Reiches. Unterstützt von Gebet und seiner Macht können wir das Undenkbare schaffen.

Im Repertoire des *Brooklyn Tabernacle*-Chors findet sich ein Lied, das sich mit Gottes Vorliebe beschäftigt, schwache Menschen zu gebrauchen, um die Starken zu beschämen. Dort heißt es: »Wenn du alles gebrauchen kannst, Herr, dann kannst du auch mich gebrauchen.« Kenneth Ware, einer meiner Mitpastoren, hat diese Art des Glaubens mehr als einmal unter Beweis gestellt. Vor vielen Jahren führte dieser gottesfürchtige, grauhaarige Afroamerikaner freitags ganze Gebetsnächte in der Gemeinde ein. Dann organisierte er ein Gebetsteam – eine Gruppe von Menschen, die sich verbindlich in der Gemeinde nach einem fortlaufenden Plan zum Gebet treffen.

Schon bald beteten die Mitglieder des Gebetsteams fünf Nächte von 23.00 Uhr abends bis 6.00 Uhr morgens in der Woche. Heute beten sie sieben Tage in der Woche, 24 Stunden am Tag. Sie beten in Schichten von drei Stunden oder auch länger. Jedes Gebetsanliegen, das uns erreicht, wird auf eine Karte geschrieben und in den nächsten 30 Tagen vor Gott gebracht.

Ich erinnere mich noch gut an den Tag, an dem Pastor Ware in väterlichem Ton zu mir sagte (er ist 15 Jahre älter als ich): »Pastor, wissen Sie, wir erleben immer noch nicht, dass Gott all das tut, was er gerne tun möchte. Sie predigen aus ganzem Herzen, aber wir müssen noch stärker erleben, dass unsere Verfehlungen offenbar werden, dass sich Gottes Gegenwart in unseren Gottesdiensten zeigt.«

Ich stimmte ihm zu und war gespannt, was er noch zu sagen hatte.

»Ich meine es ernst«, fuhr Pastor Ware fort. »Wir haben vermutlich ein halbes Dutzend HIV-positive Menschen in jedem Gottesdienst. Wir haben Drogenabhängige. Wir haben Menschen, deren Ehe auf der Kippe steht, wir haben Mütter mit gebrochenem Herzen, junge Menschen, die das Leben in der Stadt hart gemacht hat. Sie brauchen Gott wirklich.

Ich möchte, dass das Gebetsteam dafür während der Gottesdienste betet, und zwar während Sie predigen. Wir müssen Gottes Durchbruch unter uns erleben.«

Ich gab Pastor Ware meinen Segen und bis heute sitzen während jedem unserer vier Gottesdienste etwa 20

Leute in einem Raum zusammen und beten – das macht insgesamt 80 Fürbitter an jedem Sonntag. Sie fangen 15 Minuten vor dem Gottesdienst mit den Pastoren zusammen an zu beten, und sie beten noch, wenn der Gottesdienst schon zu Ende ist. Wenn ich das Gebäude manchmal um zehn oder halb elf Uhr abends verlasse, höre ich sie immer noch beten.

Am ersten oder zweiten Sonntag, an dem auf diese Weise gebetet wurde, saß ich in meinem Büro und bereitete mich auf den Nachmittagsgottesdienst vor, als ich durch die Heizungsrohre Lärm aus dem Raum über mir hörte – das Geräusch von betenden Menschen. Der Gottesdienst hatte gerade begonnen und das Gebetsteam betete bereits zu Gott. Irgendjemand musste an einem Stuhl direkt neben einem Lüftungsschlitz knien, denn ich hörte eine Frau klar und deutlich sagen: »Gott, schütze ihn. Hilf ihm, Herr. Gebrauche ihn heute, dein Wort zu verkündigen. Zeige den Menschen, wo in ihrem Leben etwas nicht in Ordnung ist. Verändere Menschen, Herr!«

Mein Herz schlug schneller. Mein Geist streckte sich zusammen mit ihnen zu Gottes Thron der Gnade aus. Nach ein paar Minuten verließ ich mein Büro und war gespannt, was Gott an diesem Nachmittag mit uns vorhatte.

Die Gemeinde war wie immer voller Menschen. Der Chor sang und ich predigte aus ganzem Herzen über die Liebe Gottes.

»Gott sehnt sich danach, dass Sie zu ihm kommen«, schloss ich meine Predigt ab. »Die Zurückweisung der Liebe Gottes ist der Anlass dafür, dass eine Seele am Ende verdammt wird und Sie in eine schreckliche Ewigkeit ohne ihn geschickt werden. Er jagt Ihnen nach, er versucht, Sie in die Enge zu treiben, er versucht, Ihre

Aufmerksamkeit zu gewinnen. Diese Liebe, diese Leidenschaft für Sie ist echt. Er wünscht niemandem den Tod. Er möchte, dass jeder die Wahrheit kennen lernt. Weisen Sie Gottes Liebe nicht zurück! Tun Sie das nicht! Denn das wird Ihr Schicksal besiegeln.«

Als ich am Ende meiner Predigt angelangt war, ging ich an die Seite der Kanzel und schloss meine Augen. Ich rief weiterhin dazu auf, nach vorne zu kommen und auf die Liebe Gottes zu antworten. Ich redete weiter, versunken in meiner Leidenschaft für die Menschen, die Christus nicht kannten …

Ein etwa 25-jähriger Mann in beige-farbenen Chinos und einem hellgrünen Sporthemd stand in einer der hinteren Reihen auf und bahnte sich seinen Weg zum Mittelgang. Was ich nicht sah, weil ich die Augen immer noch geschlossen hielt, war der Revolver in seiner rechten Hand, der auf mich gerichtet war!

Er kam den Gang herunter, wobei der Revolver direkt auf meine Brust gerichtet war. Viele Menschen in der Gemeinde merkten es überhaupt nicht, weil ihre Augen, wie meine, geschlossen waren. Diejenigen, die ihn sahen, waren vor Schreck erstarrt. Auch die Ordner schienen wie gelähmt. Als sie endlich reagierten, war es zu spät – der Mann kam bereits die Stufen zur Bühne herauf. Und die ganze Zeit über beschwor ich die Menge, sich nach der Liebe Gottes auszustrecken, und hatte keine Ahnung davon, dass mein Leben in unmittelbarer Gefahr war.

Carol spielte hinter mir Klavier und ihre Augen waren vor Schreck weit offen. Voller Panik schrie sie zweimal meinen Namen, aber ich hörte sie nicht. Ich war damit beschäftigt, Menschen dazu aufzufordern, zu Jesus zu kommen – und es hatte den Anschein, als ob ich selbst gerade auf dem besten Weg zu ihm sei.

Carol war sich sicher, dass sie gleich Zeugin am kalt-
blütigen Mord an ihrem Ehemann werden würde – und
was dann? Würde der Mann sie als Nächste umbringen?

Doch er tat keines von beidem. Stattdessen trat er an
meine Seite und warf die Waffe auf die Kanzel. Ich hörte plötzlich einen Krach, machte meine Augen auf – und
sah einen Revolver auf meiner Kanzel liegen!

Der Mann lief zurück über die Bühne, rannte die
Stufen hinunter und den Gang entlang. Mein einziger
Impuls war, ihm nachzulaufen und zu rufen: »Nein, nein
– gehen Sie nicht! Es ist in Ordnung! Warten Sie!«

Er blieb stehen, fiel regelrecht in sich zusammen, begann zu weinen und rief jammernd aus: »Jesus, hilf mir!
Ich kann es nicht mehr ertragen!«

Inzwischen waren die Ordner bei ihm angekommen,
nicht, um ihm Schaden zuzufügen, sondern um die Situation unter Kontrolle zu bringen und für ihn zu beten.
Mittlerweile war die Gemeinde in heller Aufregung.
Manche Menschen weinten, andere beteten laut, wieder
andere saßen in erstarrtem Schweigen einfach nur da.

Ich ging wieder zurück auf die Kanzel. Dort holte
ich tief Luft, hielt dann die Waffe hoch – ohne zu reali-
sieren, dass sie geladen war – und sagte nur einen einzigen Satz, eigentlich mehr zu mir selbst als zur Gemeinde:

»Schaut, was die Liebe Gottes einen Menschen auf-
geben lässt.«

Plötzlich strömten von allen Seiten Menschen zum
Altar. Gott hatte hinter meiner Predigt den letzten Punkt
gesetzt. An diesem Tag kamen viele Menschen zum
Glauben an den liebenden Christus.

Als ich diese Reaktion sah, dachte ich zurück an das
Gebet der Frau, die ein paar Stunden zuvor gebetet hatte: »Gott, schütze ihn. Zeige den Menschen, wo in ih-

rem Leben etwas nicht in Ordnung ist. Verändere Menschen, Herr!«

Der Mann, der innerlich völlig aus dem Gleichgewicht war, sagte später, dass er nie vorgehabt hatte, mir etwas anzutun. Er wollte jemand anderen verletzen, der sich mit seiner Freundin eingelassen hatte. Auf dem Weg dorthin war er in unseren Gottesdienst geraten. Gott hatte ihm in so starkem Maß seinen Hass vor Augen geführt, der in ihm wohnte, dass er sich sagte: »Ich muss diesen Revolver loswerden. Ich muss ihn dem Prediger geben.«

Diese Situation bewies wieder einmal hautnah, wie wichtig die Arbeit des Gebetsteams ist. Wir waren vor Schaden und ein anderer Mensch war vor einer großen Dummheit bewahrt worde. Ein großer Sieg für das Reich Gottes war gewonnen; wir tauften in Folge dieses Gottesdienstes mehr als ein Dutzend Menschen.

Der Rückschlag

Während die meisten über diesen Ausgang erleichtert und erfreut waren, stand meine Frau unter Schock. Sie sprach für den Rest dieses Sonntags nur noch sehr wenig. Als wir am nächsten Morgen zusammen Kaffee tranken, machte sie ihren Gefühlen Luft.

»Wird es so eines Tages mit uns enden, Jim? Werden wir so gehen müssen – wird irgendwann einfach mal jemand aufstehen und dich in einem Gottesdienst umbringen? Wir haben dort überhaupt keinen Schutz! Wo waren die Ordner? Wo war der Sicherheitsdienst? Wir hätten gestern problemlos getötet werden können.«

Ich versuchte, sie zu trösten und vernünftig mit ihr zu reden.

»Nein, Carol – der Herr hat uns dieses Mal geschützt, und er wird es auch in Zukunft tun. Die Ordner hatten jedenfalls keine Chance, ihn aufzuhalten.«

Aber meine Worte gingen ins Leere.

Die ganze Woche über litt Carol unter den Nachwirkungen dieses Ereignisses. Die Furcht hielt sie auch weiterhin gefangen. Sie hatte Schlafstörungen. Ich traf sie häufig an, wie sie ins Leere starrte und in Gedanken immer und immer wieder die schrecklichen Augenblicke des Sonntagnachmittags durchlebte.

Am Freitagabend dieser Woche leitete Carol wie immer die Chorprobe. Und wie üblich begannen die Chormitglieder mit einer halben Stunde Gebet und Lobpreis, bevor sie die erste Note sangen.

Gott sprach während dieser Zeit zu einem der Chormitglieder. Dieses trat aus der Gruppe heraus, stellte sich neben Carol, nahm das Mikrofon und sagte: »Ich glaube, dass Gott mir gerade gezeigt hat, dass wir für Carol beten sollen. Würdet ihr alle mitmachen?«

Sie umringten Carol, legten ihr die Hände auf und begannen, intensiv zu beten. In diesem Augenblick geschah etwas, das die letzten fünf Tage ihres Brütens und meines Tröstens nicht geschafft hatten. Carol war wieder frei von Furcht.

Wenn wir uns ernsthaft auf Gottes Macht stützen, werden bemerkenswerte Dinge geschehen. Selbst wenn wir teilnahmslos und in unserem Glaubensleben »lauwarm« werden, sagt Christus uns immer noch:

»Gebt acht, ich stehe vor der Tür und klopfe an! Wenn jemand meine Stimme hört und öffnet, werde ich bei ihm einkehren. Ich werde mit ihm das Mahl halten und er mit mir. [...] Wer Ohren hat, soll hören, was der Geist den Gemeinden sagt!« (Offb 3,20.22).

Diese sanften Worte, die von Evangelisten oft gegenüber Menschen zitiert werden, die Gott noch nicht kennen, richteten sich an die Christen von Laodizea, die
Jesus gerade eben gescholten hatte. Obwohl er über ihre
Lethargie traurig war, bot er trotzdem jedem von ihnen
neu seine Liebe und Kraft an, der ihm die Tür öffnete.

Werden wir ihm öffnen?

Kapitel 7

Der Reiz des Neuen

Im Marketingbereich kennt jeder Texter die Macht der beiden magischen Wörter »Kostenlos!« und »Neu!«. Wir sehen sie im Supermarkt, in der Zeitung, auf Reklametafeln. Und die Konsumenten reagieren darauf.

Auch in der Kirche fallen wir heute dem Reiz des Neuen zum Opfer. Die alten Wahrheiten des Evangeliums scheinen nicht mehr spektakulär genug zu sein. Wir sind unermüdlich auf der Suche nach der modernsten, besten oder neuesten Lehre oder Technik. Besonders wir Pastoren scheinen eine Abkürzung oder eine dynamische neue Strategie zu suchen, die unseren Gemeinden neuen Schwung gibt.

Das Gebet der ersten Christen, das im 4. Kapitel der Apostelgeschichte zu finden ist, betont drei grundlegende Aspekte, die bei uns allzu leicht in Vergessenheit geraten:

> »Gib uns, deinen Dienern und Dienerinnen, die Kraft, deine Botschaft mutig und offen zu verkünden! Hilf uns dabei und zeige deine Macht! Laß Heilungen und andere Wundertaten geschehen« (Apg 4,29–30).

Ich möchte zunächst näher auf den ersten dieser drei Punkte eingehen: »Gib uns, deinen Dienern und Dienerinnen, die Kraft, deine Botschaft mutig und offen zu verkünden.«

Die ersten Christen waren sich nicht unsicher darüber, was sie verkünden sollten. Sie waren nicht auf der Suche nach neuen und neuartigen Botschaften. Das schlichte Evangelium, das sie von Jesus, ihrem Herrn, gehört hatten, war völlig ausreichend.

Vor nicht allzu langer Zeit erlebte ich auf einer Konferenz eine Überraschung, als ich mit einigen anderen Konferenzrednern zusammensaß und wir uns unterhielten. Das Gespräch drehte sich um verschiedene Ausprägungen in der modernen Kirche. Schon bald fragte ich mich, um welche Religion es hier eigentlich ginge.

Ein Mann sagte, wie wichtig es für alle Christen sei herauszufinden, ob einer der Vorfahren jemals an einer Séance teilgenommen hatte, und sei es auch vor Jahrhunderten. Solange dieser »Generationenfluch« nicht aufgehoben sei, könne man kein geistliches Wachstum erwarten. Selbst unsere Kinder und Enkelkinder seien davon noch betroffen, verkündete er. Stellen Sie sich vor: Sie sind erlöst, eine neue Schöpfung in Christus, »aus der Gewalt der dunklen Mächte gerettet und [...] unter die Herrschaft seines geliebten Sohnes gestellt« (Kol 1,13) – und doch leben Sie irgendwie immer noch unter einem Fluch Satans!

Ich dachte an die vielen Haitianer in der *Brooklyn Tabernacle*-Gemeinde, die aus einem Land nach New York gekommen sind, in dem Voodoo die Hauptreligion ist. Wenn die Lehre dieses Mannes wahr ist, dann haben diese Haitianer eine Menge Hausaufgaben zu erledigen, um herauszufinden, welche ihrer Urgroßmütter sich mit Okkultismus beschäftigte, und dann die entsprechenden Schritte zu unternehmen, um diese so lange bestehende Bindung zu durchbrechen.

Warum, so fragte ich mich, schrieb Paulus darüber nicht deutlicher in seinen Briefen? Das erste Jahrhundert war voll von Zauberei. Mussten die Christen in Korinth, Galatien und Rom ihre Familienstammbäume durchforsten, um Spuren eines Bannes ausfindig zu machen?

In einer der Lehreinheiten sagte ein anderer Redner: »Es gibt drei Ebenen geistlicher Kampfführung: die täglichen Kämpfe mit gewöhnlichen Dämonen, die Konfrontationen mit dem Okkulten wie Astrologie oder ›New Age‹ und dann die strategische geistliche Kampfführung gegen die Geister, die ein ganzes Gebiet beherrschen. Und nicht einmal der Apostel Paulus erkannte diese dritte Ebene oder praktizierte diese Art des Dienstes.« Stellen Sie sich nur diesen cleveren Redner vor, der sogar mehr wusste als der große Apostel des Neuen Testamentes!

Ich konnte nicht aufhören, mich zu fragen, wie wohl der Dämon von Brooklyn hieß. Die Auswirkungen des Bösen sind an jeder Straßenecke mehr als deutlich zu sehen. Konnte ich das Böse wirklich ausschalten, indem ich die territoriale Macht über den ganzen Stadtbezirk zurückwies?

Wo wird diese Strategie im Neuen Testament dargestellt? Band Petrus den Geist über Joppe oder Cäsarea? Paulus verbrachte drei Jahre in Ephesus, einem Zentrum des Götzendienstes; aber er erwähnt an keiner Stelle, dass »der Geist der Göttin Diana gebunden wurde«, deren Tempel in Ephesus als eines der sieben Weltwunder der Antike galt. Und auch im 4. Kapitel der Apostelgeschichte fragten die Apostel nicht nach dem Namen des bösen Geistes, der Jerusalem im Griff hatte.

Carol und ich kehrten traurig und niedergeschlagen ins Hotel zurück. Wie tragisch war es, dass junge Pastoren fieberhaft all diese exotischen Lehren mitschrieben, in der vergeblichen Hoffnung, ihre sich abmühenden Gemeinden mit Techniken und Lehren auf Vordermann zu bringen, von denen nichts in der Bibel steht.

Ich konnte noch nicht einmal einen Hinweis darauf erkennen, dass diese Redner ihre Konzepte irgendwo in der Ortsgemeinde praktizierten. Ihre Bücher und Kassetten verkauften sich gut, aber ich fragte mich, warum sie nicht nach Brooklyn oder an irgendwelche anderen dunklen Orte kamen, um ihre Lehren praktisch anzuwenden.

Ich fürchte, dass wir es hier mit »Technokraten«, »Revisionisten« oder »Ideenmenschen« zu tun haben, die das Gefühl haben, dass wir Innovationen und Neuheiten brauchen, um dem Reich Gottes auf die Sprünge zu helfen.

Der Teufel ist noch immer im Geschäft

Falls diese Lehrer und Autoren tatsächlich etwas entdeckt haben, das neu unter der theologischen Sonne ist, bleibt für mich eine Frage bestehen: Warum wuchert das Böse auf der Erde heute immer noch so üppig, wo es doch von so vielen Christen so oft »gebunden« wurde?

Vor ein paar Jahren fuhr ein sehr bekannter Prediger nach San Francisco, mietete ein großes Stadion an und verbrachte einen Abend lang mit »geistlicher Kampfführung«, wobei er behauptete, alle bösen Geister und Fürsten über der Stadt zu binden und zurückzuweisen. Am folgenden Tag flogen er und seine Begleiter wieder nach Hause. Ist San Francisco heute infolgedessen ein »frömmerer« Ort?

Die Bibel spricht mehr davon, dem Teufel zu widerstehen, als davon, ihn zu binden. Im 2. Petrus-Brief, Kapitel 5, Verse 8 bis 9 heißt es:

»Seid wachsam und nüchtern! Euer Feind, der Teufel, schleicht um die Herde wie ein hungriger Löwe. Er wartet nur darauf, daß er jemand von euch verschlingen kann. Leistet ihm Widerstand und haltet unbeirrt am Glauben fest. Denkt daran, daß die Gemeinschaft eurer Brüder und Schwestern in der ganzen Welt die gleichen Leiden durchzustehen hat.«

Warum band der Apostel diesen hungrigen Löwen nicht einfach und erledigte das Problem damit ein für allemal?

Die Bibel spricht mehr davon, dem Teufel zu widerstehen, als davon, ihn zu binden.

Im Matthäus-Evangelium, Kapitel 12, Vers 29 (Elberfelder Übersetzung) wird berichtet, dass Jesus davon sprach, dass der starke Mann gebunden werde, damit man sein Haus ausrauben könne. Er verwendete diese Metapher unmittelbar, nachdem er einen Dämon aus einem blinden und stummen Mann ausgetrieben hatte. Das Wort »binden« wird hier lediglich verwendet, um die wortwörtliche Befreiung eines Menschen zu beschreiben; die Stelle hat keine kosmische Bedeutung. Der Text besagt, dass ein starker Mann, Satan, von einem noch stärkeren, nämlich Christus, vor die Tür gewiesen wurde.

Ähnliches lässt sich über die Praxis sagen, wenn Menschen versuchen, den Namen eines Dämonen herauszufinden. Bei seinen vielen Begegnungen mit Satan fragte Jesus während seines ganzen Dienstes nur ein einziges Mal nach einem Namen (Mk 5,9). Auch in diesem Fall lag das wieder an den Problemen eines einzelnen Menschen, nicht an denen einer ganzen Provinz oder eines Gebietes. Darüber hinaus gaben auch die Apostel jungen Gemeindeleitern wie Timotheus oder Titus nie die Anweisung, nach den Namen von Dämonen zu fragen.

Verstehen Sie mich bitte nicht falsch: Ich bin völlig davon überzeugt, dass der Teufel auch heute in das Leben von Menschen eindringt und wir uns ihm entgegenstellen müssen. Ich musste dies im Laufe meines Dienstes schon einige Male tun.

An einem Dienstagabend brachten zwei Gemeindemitglieder einen Teenager zur Gebetsversammlung mit, der, wie sie sagten, drogenabhängig wäre und davon befreit werden musste. Mehr sagten sie mir nicht. Ich dachte nicht viel darüber nach; so etwas passiert bei uns häufig. (Unsere Gemeindemitglieder wissen nichts Besseres, als Unbekehrte zu einer Gebetsversammlung mitzubringen!)

Etwa eine halbe Stunde nach Beginn der Gebetsversammlung, nach dem Lobpreisteil, sagte ich: »Hier ist ein Mädchen, das von ein paar Mitgliedern mitgebracht worden ist. Sie bitten uns, für sie zu beten; sie ist drogenabhängig.«

Die beiden Mitglieder kamen mit einer kleinen Hispano-Amerikanerin nach vorne. Sie schien ganz benommen zu sein – eine Folge der Drogen, wie ich dachte. Ihr Name war Diana.

Ich stand wie an jedem Dienstagabend vorne am Mittelgang. Ganz plötzlich begann ich, mich zu verspannen; in mir gingen Alarmglocken los, die mir signalisierten, dass etwas hier nicht in Ordnung war – irgendetwas würde gleich geschehen.

Ich bemerkte zu meiner Rechten eine Evangelistin, die zu Besuch in der Gemeinde war und die ich kannte. Ich sagte zu ihr: »Amy, schön, dass Sie heute Abend hier sind. Würden Sie mit mir zusammen für dieses Mädchen beten?« Als sie von ihrem Platz aufstand, wurde sie vom Heiligen Geist erfüllt, und auch sie hatte das Gefühl, das gleich etwas passieren würde. Aus irgendeinem unbekannten Grund schalteten wir beide auf »Alarmstufe Rot«.

Einer meiner Mitpastoren kam zu uns und wir legten Diana die Hände auf und begannen zu beten.

»Oh, Jesus, hilf uns«, sagte ich ruhig.

Wie ein Schuss rief die bloße Erwähnung des Namens Jesu bei Diana einen Tobsuchtsanfall hervor. Das einen Meter fünfzig große Mädchen stürzte sich auf meine Kehle, stieß die beiden Freunde zurück, die mit ihm gekommen waren. Bevor ich wusste, was geschah, wurde ich gegen den Rand der Bühne geschleudert. Diana riss den Kragen von meinem Hemd ab, als ob er aus Papier sei. Eine Stimme begann aus ihrem Inneren heraus zu schreien: »Ihr werdet sie nie bekommen! Sie gehört uns! Geht weg von ihr!« Was sie dann noch sagte, war so obszön, dass man es hier gar nicht wiedergeben kann.

Einige Mitglieder der Gemeinde standen auf und begannen, laut zu beten. Andere schnappten nach Luft. Manche bedeckten ihre Augen. Zwischenzeitlich waren einige Diakone aufgesprungen und versuchten, das Mädchen von mir weg zu ziehen. Trotz ihrer geringen Größe kämpfte sie mit enormer Kraft gegen uns an.

Schließlich gelang es uns, sie niederzuringen. Amy, die Evangelistin, begann, leidenschaftlich zu beten. Ich beugte mich über das Mädchen und sprach die Geister direkt an. »Haltet den Mund! Im Namen Jesu, kommt aus ihr heraus!«, verlangte ich.

Diana rollte mit den Augen und spuckte mir zweimal aus kürzester Entfernung mitten ins Gesicht. Die Gemeinde bat Gott inständig um Hilfe. Wir kämpften eindeutig nicht gegen einen imaginären »Geist der Angst« oder so etwas. Das war ein klassischer Fall von dämonischer Besessenheit.

Innerhalb weniger Minuten war das Mädchen völlig frei. Sie hörte auf zu fluchen; ihr Körper entspannte sich. Wir lockerten unseren Griff, und sie stand vorsichtig auf, hob die Hände und lobte Gott. Schon bald sang sie mit dem Rest von uns: »Oh, das Blut Jesu! Es wäscht uns weiß wie Schnee.« Dabei liefen ihr die Tränen über die Wangen und verwischten ihr Make-up.

Diana dient Gott nun schon seit zehn Jahren in der *Brooklyn Tabernacle*-Gemeinde. Kürzlich hat sie einen jungen Mann geheiratet und beide gaben vor ihren überwiegend ungläubigen Verwandten ein starkes Zeugnis ab. Sie ist heute eine wundervolle Christin, die Gott liebt und ihm alleine dienen will.

Diana hat mir erlaubt, ihre Geschichte zu erzählen, um klarzustellen, dass ich davon überzeugt bin, dass wir uns den Angriffen Satans entgegenstellen müssen. War ihre Erfahrung einzigartig oder seltsam? Nicht nach den Maßstäben des Neuen Testamentes. Das war lediglich etwas, was Jesus und seine Jünger regelmäßig praktizierten.

Aber wir sollten nicht davon ausgehen, dass wir Abkürzungen in der geistlichen Wirklichkeit entdecken können. Haben wir vergessen, dass Jesus seinen zwölf Jüngern bei der Aussendung vor allem die »Vollmacht, böse Geister auszutreiben« gab, ihnen aber auch sagte, dass sie in einigen Städten nicht willkommen geheißen werden würden? »Sie werden euch an die Gerichte ausliefern und in ihren Synagogen auspeitschen« (Mt 10,1.17). Wenn die Zwölf mit einer einzigen Handbewegung den feindlichen Geist in dieser Stadt hätten binden können, hätte Jesus ihnen dies wohl kaum mit auf den Weg gegeben. Es hätte die Christen vor einer Menge Konflikten bewahrt.

Stattdessen gab er den verschiedenen Gemeinden in der Offenbarung düstere Warnungen in Bezug auf die Widerstände, die sie zu erwarten hatten:

An Smyrna: »Der Teufel wird einige von euch ins Gefängnis werfen, um euch auf die Probe zu stellen. Zehn Tage lang werden sie euch verfolgen. Haltet in Treue durch, auch wenn es euch das Leben kostet« (Offb 2,10). Christus macht ihnen klar, dass sie sich in einer ihnen feindlich gegenüberstehenden Umgebung befinden und es keine schnellen Lösungen gibt.

An Pergamon: »Ich weiß, daß ihr dort wohnt, wo der Thron des Satans steht.« Der nächste Satz lautet nicht: »Werft ihn hinaus!« Nein. Jesus fährt ganz ruhig fort: »Ihr habt euch zu meinem Namen bekannt und euer Vertrauen zu mir nicht widerrufen, nicht einmal, als mein treuer Zeuge Antipas bei euch getötet wurde, dort, wo der Satan wohnt« (Offb 2,13).

Der allwissende König der Könige und Herr der Herren, der den Schlüssel des Todes und der Hölle in Händen hält, teilt den Christen mit, dass sie sich durchkämpfen sollen. In diesen beiden Briefen beschreibt Jesus, was Satan innerhalb der Grenzen des souveränen Planes Gottes zu tun erlaubt ist, den wir nicht völlig verstehen. Nichtsdestotrotz sollen die Christen an der alt hergebrachten Ausdauer im Glauben festhalten.

Das Problem mit den modernen, von Menschen ausgedachten Neuheiten ist, dass sie einfach nicht die eindrucksvollen Ergebnisse produzieren, mit denen sie Werbung machen. Soweit ich weiß, bekehren sich dadurch nicht scharenweise Menschen, werden getauft oder finden sich in starken, von Gebet geprägten Gemeinden zusammen. Wo ist irgendwo auf dieser Welt die Stadt, die »für Gott eingenommen« worden ist, wie es oft so schön heißt? Wäre es nicht weiser, wie Paulus sagt, uns »nicht ohne Maß zu rühmen« (2 Kor 10,13), sondern lieber den Heiligen Geist Ergebnisse produzieren zu lassen, die für sich selbst sprechen?

Wie einige behaupten, dass die Mächte des Bösen an bestimmte Orte gebunden sind, so verkünden andere, dass es bestimmte Zentren von Gottes »neuer Salbung« gibt. Bestimmte Städte sollen für eine einzigartige Ausgießung des Heiligen Geistes ausgewählt sein. Wo findet sich so etwas in der Bibel?

Es ist völlig unbiblisch anzudeuten, man müsse irgendwohin zu einer bestimmten Gemeinde reisen, um das zu empfangen, was Gott für diese Gemeinde gedacht hat. Es gibt keine spezielle Salbung für die *Brooklyn Tabernacle*-Gemeinde oder irgendeine andere Gemeinde, die durch Handauflegung weitergegeben werden kann. An keiner Stelle in der Apostelgeschichte reisen Menschen nach Jerusalem oder in eine andere Stadt, um dort zu sein, »wo etwas los ist«.

Wir finden im Neuen Testament lediglich die Ermahnung: »Nähert euch Gott, und er wird sich euch nähern« (Jak 4,8). Die Verantwortung liegt ganz bei uns. Wenn genug Menschen in New York oder San Francisco aus ganzem Herzen nach Gott rufen, können diese Städte auf der ganzen Welt berühmt für Erweckung werden. Gott nimmt keine Rücksicht auf Geografie.

Wir lassen uns zu leicht von der Aufforderung, einfach auf Gott zu warten, ablenken. Wir lassen uns von der Einfachheit des Evangeliums wegtreiben. In Apostelgeschichte, Kapitel 4 wollten die Apostel nur das Wort verkündigen. Das klingt für moderne Ohren so minimal, oder? Gibt es nicht etwas mehr, etwas Größeres, etwas Neueres?

Angesichts einer Welt, die Christi Erlösungsangebot ignoriert, können wir uns entweder vor Gott demütigen und zu den Grundlagen zurückkehren, oder wir können uns mit uns selbst beschäftigen.

Kein Hokuspokus

Es gibt kein besseres Beispiel für Gottes mächtiges Wirken in einer Stadt als den Bericht in Apostelgeschichte, Kapitel 11, Vers 20 bis 21:

> »Aber einige von ihnen, die aus Zypern und Zyrene stammten, kamen nach Antiochia und verkündeten dort auch den Nichtjuden die Gute Nachricht von Jesus, dem Herrn. Gott stand ihnen zur Seite, so daß viele Menschen zum Glauben kamen und Jesus als den Herrn annahmen.«

Die Ernte war so groß, dass Barnabas von Jerusalem geschickt wurde, um nach dem Rechten zu sehen:

> »Als er hinkam und sah, was Gott dort gewirkt hatte, freute er sich. [...] Gott führte der Gemeinde immer mehr Menschen zu« (Verse 23–24).

Wer waren diese Männer, die eine so große Gemeinde gründeten, die sogar die Muttergemeinde in Jerusalem übertraf? Wir kennen ihre Namen nicht. Wir wissen nichts über ihre Methodik. Aber wir kennen ein paar Details: Sie »verkündeten [...] die Gute Nachricht von Jesus, dem Herrn« und »Gott stand ihnen zur Seite« (Verse 20–21).

Dies war die erste richtig multikulturelle Gemeinde mit multikulturellen Leitern: Simeon, genannt »der Schwarze«, einige jüdische Leiter, einige Griechen, Manaën, ein Jugendfreund von Herodes (was ihn für alle suspekt gemacht haben dürfte!) und andere. Und doch arbeiteten sie zusammen und gaben ein überzeugendes Vorbild für kulturübergreifende Einheit ab.

Der Hass zwischen Juden und Heiden im ersten Jahrhundert war noch größer als unsere heutigen Rassenkonflikte. Gott ging dieses Problem frontal an, als er seine Gemeinde auf diese Weise baute.

Der Rassenhass in New York ist heute stärker ausgeprägt als noch vor zehn Jahren. In vielen Gemeinden sind die Fronten verhärtet. Wir brauchen unbedingt die Liebe Gottes, um diese Spannungen zu überwinden, so wie es vor langer Zeit in der Gemeinde von Antiochia geschehen ist.

Keine neue Lehre wird das Blatt wenden. Es gibt keine trendigen Abkürzungen, keinen Hokuspokus, keine Mantras, die Satan besiegen können.

Ein Mann sagte mir: »Wissen Sie, Sie sollten darüber nachdenken, eine topografische Karte von Brooklyn zu erstellen, damit Sie den höchsten Punkt in diesem Stadtteil herausfinden können. Dann können Sie dort hingehen und gegen die territorialen Mächte anbeten.«

Ich wollte ihm entgegnen: »Bruder, das ist nichts anderes als alttestamentliche Zauberei. Die Götzendiener zur Zeit Elias waren auch immer an hoch gelegenen Orten zu finden, erinnern Sie sich?« Irgendwie dachten sie wohl, auf diese Weise einen besseren Zugriff auf die

Dämonen zu haben, vermute ich zumindest. Ich habe keine Probleme damit, meine gesamte Gemeinde auf die Aussichtsplattform im hundertsten Stockwerk des *World Trade Center* zu führen. Wir hätten dort eine wunderschöne Aussicht auf ganz Brooklyn. Aber wir würden Gott damit nicht beeindrucken. Und den Teufel auch nicht, nebenbei bemerkt.

Andere sagen: »Gottes Macht wird freigesetzt, wenn Sie in den Straßen Ihrer Stadt singen. Planen Sie einen Marsch, fertigen Sie Banner an und erklären Sie Gottes Souveränität im Rahmen einer großen Parade.« Christen mögen solche Veranstaltungen ja gefallen, aber bewirken sie wirklich eine messbare Veränderung in der Stadt?

Wieder andere sagen: »Weisen Sie den Teufel zurück, blicken Sie dabei nach Norden und stampfen Sie mit den Füßen auf. Das wird den Sieg bringen.«

Im Urlaub schauten Carol und ich an einem Sonntagvormittag einen Gottesdienst im Fernsehen an, in dem der Pastor nachdrücklich für geistliche Kampfführung eintrat. Er stand in Militäruniform auf der Kanzel. Vermutlich sollte das den Teufel abschrecken. Wir wussten nicht, ob wir lachen oder weinen sollten.

Kann mir jemand zeigen, wo im Neuen Testament sich irgendeine Verheißung findet, die sich auf die Bewegung unseres Körpers oder unsere Kleidung bezieht? Wenn bizarre körperliche Ausdrucksformen das offizielle Merkmal einer angeblichen neuen Erweckung sind, dann haben wir unsere biblischen Wurzeln aufgegeben. Dann liegen nur Probleme vor uns.

Vergessen Sie die Neuheiten. Wenn wir im Gebet bleiben, wird Gott das tun, was nur er tun kann. Wie er es tut, wann er es tut und auf welche Weise er es tut, liegt ganz bei ihm. Der Name Jesu, die Macht seines

Blutes und das Gebet des Glaubens haben ihre Macht im Laufe der Jahrhunderte nicht verloren.

Als Charles Finney um 1820 herum in New York predigte, fanden innerhalb eines Jahres über 100 000 Menschen zu Christus. »Die ganze Stadt war in Aufruhr«, berichtet ein Augenzeuge.

> »Spirituosengeschäfte wurden geschlossen; der Sabbat wurde gehalten; in den Kirchen drängten sich glückliche Kirchgänger [...]. Selbst in den Gerichten und Gefängnissen war dieser Segen zu merken. Die Kriminalitätsrate ging auf wundersame Weise stark zurück. Die Gerichte hatten nur wenig zu tun, und das Gefängnis war auch Jahre später noch fast leer« (zitiert in: V. Raymond Edman, They Found the Secret, Grand Rapids, Zondervan, 1984, S. 46).

Ich kann Ihnen versichern, dass Finney nicht »den Geist des Alkohols« band oder etwas dergleichen machte. Er führte den Willen Gottes auf Gottes Weise aus und eine ganze Stadt wurde davon beeinflusst.

Der Historiker J. Edwin Orr berichtet, dass während der Erweckung in Wales um 1904 ein Polizist gegenüber einer örtlichen Zeitung sagte: »In unserer Stadt gibt es 17 Kirchen, und wir haben genügend Polizistenquartette, um jede Kirche, die es möchte, mit Musik zu versorgen.« Das lag daran, dass die Polizisten sonst nicht viel zu tun hatten. Selbst die Kriminellen befanden sich augenscheinlich in der Kirche, wo ein junger Bergarbeiter namens Evan Roberts die meisten Versammlungen durch Gebet und nicht durch Predigten leitete.

Als G. Campbell Morgan und andere ranghohe Kirchenmänner aus London kamen, um die Erweckung zu beobachten, konnten sie das Gebäude nicht betreten. Sie mussten sich damit begnügen, über die Köpfe der Leute hinweg ins Vestibül zu spähen. Hörten Sie, wie Roberts zu einem Marsch auf die Gipfel der Waliser Berge aufrief? Ganz im Gegenteil. Roberts betete oft: »Niedriger, Herr – mach uns niedriger.« Er fiel auf die Knie und betete für Wales. Dabei folgte er dem biblischen Grundsatz, sich im Gebet zu demütigen (vgl. Jakobus 4,9–10; 1 Petrus 5,6).

Die Bibel ist genug

Als Pastor bin ich fest davon überzeugt, dass es mir nicht erlaubt ist, über etwas zu predigen, das nicht in der Bibel steht. Die Bibel ist, so wie sie ist, spannend genug. Sie ist nicht so langweilig, dass wir sie aufpeppen müssten. Wenn wir das tun und lehren, was Jesus tat und lehr-

> Als Pastor bin ich fest davon überzeugt,
> dass es mir nicht erlaubt ist, über etwas
> zu predigen, das nicht in der Bibel steht.
> Die Bibel ist, so wie sie ist, spannend
> genug. Sie ist nicht so langweilig,
> dass wir sie aufpeppen müssten.

te – und nicht mehr –, werden wir genügend spannende Momente erleben. Und da wo die Bibel schweigt, sollten auch wir schweigen.

Der Apostel Paulus schrieb dies klar und deutlich an die Gemeinde in Korinth, die sich mit einer Reihe von Problemen konfrontiert sah. Er versuchte, die Korinther wieder auf den richtigen Weg zu bringen, deshalb forderte er sie eindringlich dazu auf zu lernen, »was der Grundsatz bedeutet: ›Nicht über das hinausgehen, was geschrieben steht!‹« (1 Kor 4,6). Offensichtlich hielt Paulus die biblische Grundlage für wesentlich, und alles, was darüber hinaus ging, schaffte nur Probleme.

Außerdem schrieb er an die Galater:

> »Aber nicht einmal ich selbst oder ein Engel vom Himmel darf euch eine Gute Nachricht bringen, die der widerspricht, die ich euch gebracht habe. Wer es tut, soll verflucht sein, dem Gericht Gottes übergeben!« (Gal 1,8).

Mir gefällt sehr gut, was William J. Seymour schrieb, der einäugige, kaum gebildete afroamerikanische Älteste in der *Azusa Street Mission* in Los Angeles, wo die moderne Pfingstbewegung 1906 Gestalt annahm. »Wir messen alles am Wort«, schrieb er im September 1907 in der Zeitschrift *Apostolic Faith.*

> *»Jede Erfahrung muss sich an der Bibel messen lassen. Manche sagen, das ginge zu weit* [mit anderen Worten: sei zu streng!]*, aber wenn wir zu eng am Wort Gottes gelebt haben, dann werden wir das mit dem Herrn regeln, wenn wir ihn einmal im Himmel treffen.«*

Niemand hat das Recht, das Evangelium zu verändern oder Gottes Pläne für seine Kirche zu revidieren. Diese kostbaren Dinge gehören weder Ihnen noch mir; sie gehören Gott. Wir müssen uns dem himmlischen Konzept unterordnen, das vor langer Zeit festgesetzt worden ist.

Tiefer, nicht breiter

Der Wille Gottes ist unendlich. Er ist eingebettet in geschriebene Wahrheit. Er ist wie eine Quelle – und niemand hat jemals die Tiefe der Wahrheit Gottes ausgelotet.

Um die Kraft des Evangeliums, des Gebetes, des Heiligen Geistes oder der göttlichen Liebe erfassen zu können, müssen wir immer tiefer in Gottes Quelle eintauchen. Jeder Mann und jede Frau, die von Gott gebraucht werden wollen, müssen sich tief in dieses riesige Reservoir fallen lassen.

Doch in der heutigen Zeit neigen viele Menschen dazu, ein bisschen in dieser Wahrheit zu plantschen – und dann außerhalb der Quelle im Schmutz zu graben. »Schaut her – Gott macht etwas Neues!«, verkünden die Leute dann. Nach etwa sechs Monaten hat das Neue natürlich seinen Reiz verloren und sie suchen sich einen neuen Flecken Gras. Sie verbringen ihr ganzes Leben damit, von einer Seite der Quelle Gottes zu einer anderen zu hüpfen, ohne dabei aber jemals wirklich die Tiefe des lebendigen Wassers in der Quelle ausgelotet zu haben.

Wenn man sich in der Quelle befindet, besteht kein Grund dazu, sie zu verlassen oder hinauszuspringen. Wer kann jemals die Fülle der Liebe Gottes ermessen? Wer kann jemals den Reichtum seiner Gnade gegenüber Menschen erschöpfen, die ihn nicht kennen? Wer kann jemals die wahre Macht des Gebets erfassen?

Etwa seit den 60er Jahren kamen und gingen in der Kirche Nordamerikas diverse Trends; neue Maschen wurden von noch neueren Maschen abgelöst. Leonard Ravenhill, der Erweckungsprediger und Autor aus England, sagte mir kurz vor seinem Tod: »Die Leute sagen, dass die Kirche heute ›wächst und sich ausweitet‹. Ja, sie ist nun etwa 20 Kilometer breit, aber nur einen halben Zentimeter tief.«

Besonders die Befreiung von den Mächten des Bösen hat unsere Fantasie gefangen genommen. Während Jesus und seine Jünger tatsächlich Dämonen aus Menschen austrieben, die Gott nicht kannten, sehen wir heute, wie dies zum Wohl von Christen praktiziert wird. An keiner Stelle sagt Paulus: »Wisst ihr, ihr Korinther, ihr habt wirklich Probleme. Ihr müsst die Ältesten der Gemeinde zusammenbringen, sie ernsthaft gemeinsam beten lassen und dann die Gemeindemitglieder mit Öl salben lassen, um den ›Geist der Tratschsucht‹ in eurer Gemeinde auszutreiben. Bei den Leuten mit Übergewicht muss der ›Dämon des Fettes‹ ausgetrieben werden. Der unmoralische Bruder, der mit seiner Stiefmutter zusammenlebt, muss vom ›Geist der Lust‹ befreit werden …«

Paulus hatte eine viel weltlichere Sicht dieser Probleme: Sie waren schlicht und ergreifend »Werke des Fleisches«. Er rief zur Umkehr auf und dazu, das eigene Ich täglich sterben zu lassen – und nicht zu aufwendigem Exorzismus.

Wie unsere Kultur im Allgemeinen von einer Opfermentalität geprägt ist, wo alles die Schuld von anderen ist und man Befreiung durch Psychotherapie, staatliche Unterstützung oder Rechtsstreitigkeiten findet, so neigen einige Menschen innerhalb der Kirche zur Vereinfachung: »Der Teufel ist schuld. Ich kann nichts dafür.« Kein Wunder, dass es unter uns so wenig geistlichen Zerbruch gibt. Warum beten und Übertretungen bekennen, wenn mein Hauptproblem Unterdrückung (oder Besessenheit) durch einen bösen Geist ist, den jemand anderes austreiben muss? Nur wenige Christen oder

Prediger verwenden heute noch das Wort »Sünde«. Nur wenige spüren, dass es wichtig ist, eigene Verfehlungen zu bekennen. Stattdessen schauen sie sich lieber nach einem Sündenbock um.

Wenn Sie in einem Umfeld wie ich arbeiten, kann die Opfermentalität sehr ausgeprägt sein. »Ich bin schwarz oder braun, deshalb ist es sowieso schwer für mich, es im Leben zu irgendetwas zu bringen ... Ich wurde als Kind von meinem Onkel belästigt und habe immer noch mit dem Schmerz zu kämpfen ...«

Ich antworte dann oft: »Ja, diese Dinge sind real – aber Gott ist größer. Keiner von uns kann sich leisten, der Vergangenheit auf unbestimmte Zeit die Schuld an allem geben. Mein Vater war 20 Jahre lang Alkoholiker. Er verlor deshalb seinen Arbeitsplatz. Seine Trinkgelage am Wochenende weiteten sich schließlich auf die ganze Woche und dann auf den ganzen Monat aus. Wenn er trank, titulierte er mich mit jedem Schimpfwort, das ich jemals gehört hatte, manchmal auch mit Wörtern, die ich noch nie gehört hatte ... Er verpasste sogar meine Hochzeit.

Deshalb sollte mir absolut nichts im Leben gelingen?

Mitnichten. Ich bin immer noch selbst verantwortlich. Mit Gottes Kraft kann ich diese Dinge besiegen. Ich habe von Gott keine Erlaubnis, mich tatenlos hinzulegen und vor mich hinzuvegetieren. Gott kann mich trotzdem halten und mich in seinen Dienst stellen.«

An dieser Stelle weise ich normalerweise auf ein schönes Detail im Leben von Josef hin, des jungen Mannes, der von seinen Brüdern in die ägyptische Sklaverei verkauft wurde. Nachdem ihm von Potiphars Frau etwas angehängt wurde, das er nicht getan hatte, nachdem er ins Gefängnis geworfen und vergessen wurde ... Als er schließlich heiratete und einen Sohn bekam, nannte er ihn ›Manasse‹, was so viel wie »zu vergessen« bedeutet. Er sagte: »Gott hat mich alle Not und den Verlust meiner Familie vergessen lassen« (Gen 41,51). Gott ist mächtiger als die Vergangenheit eines Menschen, egal, wie unglücklich sie war. Er kann uns die Kraft geben, Schreckliches hinter uns zu lassen – nicht, indem er unser Gedächtnis auslöscht, sondern indem er der Vergangenheit den Stachel und die lähmende Wirkung nimmt.

Ich bin dankbar dafür, dass das Leben meines Vaters gerettet worden ist. Er ist seit über 13 Jahren »trocken«. Heute liebt er Gott von ganzem Herzen, genauso wie meine Mutter. Beide sind treue Mitglieder und eine unschätzbare Stütze der *Brooklyn Tabernacle*-Gemeinde.

Alle Bedürfnisse sind schon gestillt

Wenn wir heute in eine Sporthalle geraten, treffen wir dort vermutlich auf Leute, die wie Superstars aussehen. Sie tragen teure Marken-Sportschuhe, farblich abgestimmte Knieschoner und so weiter. Das einzige Problem ist nur, dass sie es nicht schaffen, den Ball in den Korb zu bringen. Sie haben die modernste Ausrüstung, können aber nicht spielen.

Als Kinder Gottes haben wir die Ausrüstung, die wir brauchen. Diese Ausrüstung bewährt sich seit 2 000 Jahren. Er hat uns alles gegeben, was dazu nötig ist, in seinem Namen Punkte zu machen und Siege zu erringen. Deshalb sollten wir in vollem Vertrauen auf das, was wir von ihm bekommen haben, vorwärts gehen.

Nichts an Gott wird sich jemals ändern. Er wird morgen unserem Leben, unseren Familien und Gemeinden genauso helfen wie heute. Wenn wir uns einfach auf seine Verheißungen stützen, werden wir Dinge erleben, an die wir nie gedacht oder um die wir nie gebeten haben, Dinge, wie sie sich im Neuen Testament ereignet haben. Es ist Zeit, vorwärts zu gehen.

Kapitel 8

Der Reiz des Marketing

Ist Ihnen schon einmal aufgefallen, dass sich das Gespräch unweigerlich den Besucherzahlen im Gottesdienst zuwendet, wenn man heute einen Christen nach seiner Gemeinde fragt?

Frage: »Erzählen Sie mir etwas über Ihre Gemeinde. Wie kommt das Reich Gottes dort voran?«

Antwort: »Na ja, ich würde sagen, wir haben etwa 300 Gottesdienstbesucher am Sonntag.«

Wenn ich Pastorenkollegen dieselbe Frage stelle, bekomme ich dieselbe Antwort – plus zwei weitere: »Wir haben etwa 550 Mitglieder, wir sind gerade mit dem neuen Anbau fertig, unser Bruttoeinkommen wird dieses Jahr bei etwa 400 000 liegen.«

Besucherzahlen, Gebäude und Geld – die neue Trinität.

Wie groß war Antiochia?

So etwas wäre zur Zeit von Petrus und Paulus undenkbar gewesen. Zum einen hatten die Christen damals keine Gebäude, die sie ihr Eigentum nennen konnten. Sie trafen sich in Privathäusern, auf öffentlichen Plätzen und manchmal auch in Höhlen. Was das Budget betraf, schienen sie einen Großteil des ihnen zur Verfügung stehenden Geldes für die Unterstützung der Armen ausgegeben zu haben.

Nach Pfingsten werden kaum genaue Zahlen erwähnt. Einige Male werden in Apostelgeschichte, Kapitel 2, Vers 41 und Kapitel 4, Vers 4 große Zahlen genannt. In Apostelgeschichte, Kapitel 19, Vers 7 heißt es später, dass unter dem Dienst des Paulus »etwa zwölf Männer« in Ephesus mit dem Heiligen Geist erfüllt wurden. Darüber hinaus wissen wir nichts. In seinem ersten Brief an die Korinther kann sich Paulus nicht einmal mehr erinnern, wen er getauft hat, geschweige denn an genaue Zahlen (1 Kor 1,14–16).

Wie hoch war die Besucherzahl in der Gemeinde von Antiochia? Beröa? Philippi? Rom? Wir wissen es nicht.

Wie groß war die Gemeinde in Philadelphia, eine der sieben Gemeinden, die in der Offenbarung angesprochen werden? Offensichtlich nicht sehr groß. Jesus sagt: »Eure Kraft ist nur klein.« Und trotzdem gibt er ihr ein begeistertes Feedback (Offb 3,7–13).

Wie groß war dagegen die Gemeinde von Laodizea? Wir bekommen einen Hinweis aus der Tatsache, dass sie »reich war und keine Not hatte«. Soweit wir wissen, zog sie etwa 7 000 Menschen am Sonntag an. Ihre Rechnungen waren mit Sicherheit bezahlt – und doch erhielten sie einen vernichtenden Tadel, was ihr geistliches Leben betraf.

Paulus schreibt in keinem seiner Briefe: »Ich habe gehört, dass eure Besucherzahlen im letzten Vierteljahr

> Keine Gemeinde, auch nicht meine
> eigene, sollte an ihren Besucherzahlen
> gemessen werden.

zurückgegangen sind – was ist los? Was werdet ihr dagegen unternehmen?«

All das veranlasst mich zu der Aussage, dass keine Gemeinde, auch nicht meine eigene, an ihren Besucherzahlen gemessen werden sollte. Auch wenn ich dankbar für die vielen Menschen bin, die jede Woche in die *Brooklyn Tabernacle*-Gemeinde kommen, ist nicht das das Zeichen für die Gnade Gottes.

Mehr als Popularität

Welche Dinge zählen dann aber in einer Gemeinde? Das Gebet der Apostel im 4. Kapitel der Apostelgeschichte gibt uns den nächsten Anhaltspunkt: »Gib uns, deinen Dienern und Dienerinnen, die Kraft, deine Botschaft mutig und offen zu verkünden!« (Vers 29). Die Jünger strebten kein zahlenmäßiges Wachstum an, sondern baten um eine wichtige Eigenschaft, die sie auch weiterhin dazu befähigen würde, eine Gemeinde nach Gottes Vorstellungen zu sein.

Mut ist etwas, das nur der Heilige Geist geben kann. Man kann Mut nicht lehren. Man kann ihn nicht durch ein Seminar erlernen. Im 2. Brief an Timotheus, Kapitel 1, Vers 7 heißt es: »Denn Gott hat uns nicht einen Geist der Feigheit gegeben, sondern den Geist der Kraft und der Liebe und der Besonnenheit.«

Die Prediger im Neuen Testament setzten auf Konfrontation und vertrauten darauf, dass der Heilige Geist an den Menschen »arbeiten« würde, damit sie zum Glauben kämen. Sie hatten keine Angst.

Hören Sie, was Petrus an Pfingsten sagte: »Den habt ihr durch Menschen, die das Gesetz Gottes nicht kennen, ans Kreuz schlagen und töten lassen« (Apg 2,23).

Das war das absolut Letzte, was die Volksmenge hören wollte. Wenn David Letterman in seiner *Late Night Show* eine Top-Ten-Liste der Dinge vorlesen würde, die man nicht vor einem jüdischen Publikum sagen sollte, dann stünde an erster Stelle: »Wisst ihr was – ihr habt mit euren eigenen Händen den Messias umgebracht, den das Volk Israel seit Jahrhunderten erwartet.«

Aber die Direktheit von Petrus stieß die Menschen nicht ab. Sie versetzte vielmehr ihrem Gewissen einen Stoß. Am Ende des Tages hatte eine riesige Anzahl von Menschen ihre Sünde bereut und war zum Glauben an Christus gekommen.

Im nächsten Kapitel sprach Petrus genauso freimütig zu der Menschenmenge, die sich nach der Heilung des Gelähmten versammelt:

> »Den Heiligen und Gerechten habt ihr abgelehnt und lieber die Freigabe eines Mörders verlangt. So habt ihr den, der euch das Leben bringen sollte, getötet. […] Geht also in euch und kehrt um, damit Gott eure Schuld auslöscht!« (Apg 3,14–15.19).

Als Paulus einige Jahre später in Ephesus predigte, konfrontierte er seine Zuhörer so direkt mit ihrem Götzendienst, dass ein Tumult losbrach. »Als die Männer das hörten, wurden sie wütend und riefen: ›Groß ist die Artemis von Ephesus!‹ Die ganze Stadt geriet in Aufruhr« (Apg 19,28–29). Das klingt in meinen Ohren nicht sehr sensibel oder zuhörerfreundlich.

Trotzdem entstand eine starke Gemeinde. Und als Paulus sich von ihnen verabschiedete, konnte er sagen:

> »Ich habe euch nichts vorenthalten, sondern euch die Heilsabsicht Gottes unverkürzt verkündet. […] Da-

rum gebt acht und denkt daran, daß ich mich drei Jahre lang bei Tag und Nacht, oft unter Tränen, um jeden und jede in der Gemeinde bemüht habe« (Apg 20,27.31).

Die Verkündigung stand also im Zentrum seines Dienstes.

Die Apostel erkannten, dass sie die Kirche Jesu nur dann bauen konnten, wenn sie bei der Verkündigung der Guten Nachricht mutig und angriffslustig vorgingen. Zu diesem Schluss sollte auch heute jede Gemeinde an jedem Ort der Welt kommen.

Die Apostel versuchten nicht, die Menschen durch irgendwelche Finessen zu überzeugen. Was sie sagten, war nicht »cool« oder besänftigend. Ihr Ziel war, das Herz zu treffen und den Menschen vor Augen zu führen, dass sie Gottes Gebote übertreten hatten. Sie fragten nicht im Mindesten danach: »Was wollen die Leute hören? Wie können wir am Sonntag mehr Menschen in die Gottesdienste bringen?« Daran dachten sie überhaupt nicht. Ein solcher Ansatz ist dem ganzen Neuen Testament fremd.

Statt zu versuchen, Männer und Frauen zu Christus zu führen, wie es in der Bibel geschehen ist, verzehren wir uns nach dem unbiblischen Konzept des »Gemeindewachstums«. In der Bibel steht nichts davon, dass wir auf Zahlen abzielen sollen, sondern die Verfasser fordern uns nachdrücklich dazu auf, die Botschaft von Gott in der Kühnheit des Heiligen Geistes zu verkünden. So wird Gottes Gemeinde auf Gottes Art gebaut.

Leider überwachen heute manche Gemeinden ständig, wie zufrieden die Leute mit den Gottesdiensten sind, und fragen danach, was sie sonst noch erwarten. Ein Fachmann einer Denomination erklärte gegenüber einem Reporter: »Wir müssen lernen, mit Veränderungen zu surfen« (Marc Spiegler, *Scouting for Souls, American Demographics,* März 1996, S. 42–49).

Wir haben keine Erlaubnis, die Botschaft des Evangeliums in irgendeiner Weise zu verändern. Egal, ob sie populär ist oder nicht, ob sie gerade »angesagt« ist oder nicht, müssen wir treu und mutig verkünden, dass Sünde real ist, aber dass Jesus denen vergibt, die ihre Verfehlungen bekennen.

Gott fordert an keiner Stelle jemanden auf, eine große Gemeinde zu haben. Er fordert uns lediglich dazu auf, sein Werk zu tun, den Menschen, die er liebt, unter der Salbung und Kraft des Heiligen Geistes sein Wort zu verkünden. Unsere Aufgabe ist die »Vorarbeit«, der Heilige Geist übernimmt den Abschluss. Die Ehre dafür gehört alleine Gott – keiner Denomination, keiner Ortsgemeinde, keinem Pastor, keinem Gemeindeberater. Das ist Gottes einziger Plan und alles andere weicht von den Lehren des Neuen Testamentes ab.

Gott sagte zu Ezechiël, dass das Blut der gottlosen Menschen an den Händen des Propheten kleben würde, wenn er ihnen die fällige Warnung nicht überbrachte. Dasselbe gilt auch heute für alle, die das Wort Gottes weitergeben.

Dwight L. Moody wurde sein Leben lang von einer Begebenheit verfolgt, bei der er zu clever bei der Verkündigung des Evangeliums gewesen war. Sechs Jahre vor seinem Tod berichtete er, was sich in Chicago im Herbst 1871 zugetragen hatte:

»Ich hatte geplant, sechs Abende mit dem Leben Jesu zu verbringen. Ich hatte bereits vier Sonntagabende über das Thema gepredigt und sein Leben von der Krippe bis hin zu seiner Verhaftung und dem Prozess

148

verfolgt. Am fünften Sonntag, am 8. Oktober predigte ich vor der größten Gemeinde, die ich in Chicago jemals hatte, ganz begeistert von meinem Erfolg. Mein Predigttext war: ›Was soll ich dann mit dem Jesus, genannt der Christus, machen?‹ An diesem Abend machte ich einen der größten Fehler meines Lebens. Nachdem ich mit der ganzen Kraft gepredigt hatte, die Gott mir gab, und ich den Leuten Christus eindringlich nahe gebracht hatte, schloss ich meine Predigt ab und sagte: ›Ich möchte, dass Sie diesen Text mit nach Hause nehmen und im Laufe der Woche in Gedanken immer wieder bewegen. Am nächsten Sonntag werden wir dann nach Golgatha und zum Kreuz kommen und entscheiden, was wir mit Jesus von Nazareth machen.‹«

Genau in diesem Augenblick ging in der Nähe eine Feuerglocke los. Moody schloss die Versammlung schnell ab und schickte die Leute aus dem Gebäude. Es war der Beginn der großen Feuersbrunst von Chicago, die in den nächsten 27 Stunden 300 Todesopfer forderte, 90 000 Menschen obdachlos machte und eine große Stadt in Schutt und Asche legte. Moody kam nie dazu, seine Predigtreihe zu beenden.

Er schreibt weiter:

»Ich habe diese Gemeinde seither nie wieder gesehen. Noch heute kämpfe ich mit den Tränen […] Seitdem sind 22 Jahre vergangen […] und ich werde diesen Menschen erst wieder in einer anderen Welt begegnen. Aber ich möchte Ihnen eine Lektion mitgeben, die ich an diesem Abend gelernt habe und die ich nie vergessen werde: Wenn ich predige und die Menschen dazu bringen möchte, Christus in ihr Le-

ben aufzunehmen, dann bemühe ich mich darum, die Entscheidung auf den Punkt zu bringen. Ich würde eher meine rechte Hand abschlagen lassen, als meinen Zuhörern eine Woche Zeit für die Entscheidung zu geben, was sie mit Jesus anfangen wollen.«

Kein Wunder, dass der Apostel Jakobus schrieb: »Woher wißt ihr denn, was morgen sein wird? Was ist euer Leben? Es gleicht einem Dampfwölkchen, das aufsteigt und sich sogleich wieder auflöst« (Jak 4,14). Das Evangelium ist zu wichtig, als dass man es auf Morgen, nächste Woche oder den Zeitpunkt, an dem die Zuhörer einem freundlicher gesinnt sind, verschieben könnte.

Sagte sich John Wesley, der im 18. Jahrhundert vor harten Bergarbeitern auf den Feldern Englands predigte: »Ich sollte ihnen lieber nicht sagen, dass sie Sünder sind, sonst könnten sie womöglich weggehen«?

Heute überwiegt in den USA die Haltung: »Niemand kann mir vorschreiben, dass ich mich verändern muss. Wagen Sie es bloß nicht!« Sowohl auf der Kanzel als auch in der Seelsorge müssen wir oft Zugeständnisse an diese Haltung machen und haben Angst davor, den Menschen die Wahrheit über ihre Sünden vor Augen zu halten. Wir halten uns an Paulus und sind »allen alles« (1 Kor 9,22), lassen aber außer Acht, was im nächsten Satz steht: »Darum lauft so, daß ihr den Kranz gewinnt« (Vers 24)! Unseren Stil an unsere Zuhörer anzupassen ist das Eine, aber wir können die Botschaft nicht verändern, ohne mit leeren Händen vor Gott zu stehen.

Basieren unser Leben und unsere Haltung noch auf der Aussage aus dem Buch der Sprichwörter, Kapitel 28, Vers 23, wo es heißt: »Wenn du andere zurechtweist, erntest du am Ende mehr Dankbarkeit, als wenn du ihnen immer nach dem Mund redest.«

Jesus konfrontierte die Menschen mit der Wahrheit. Als Petrus ihm das Kreuz ausreden wollte, sagte Jesus nicht etwa: »Weißt du, Petrus, ich bemühe mich wirklich zu verstehen, woher du kommst. Ich weiß es zu schätzen, dass du dir um mich Sorgen machst und nicht möchtest, dass ich in irgendeiner Weise Schaden nehme.« Stattdessen sagte er zu seinem Jünger Nummer eins: »Geh weg! Hinter mich, an deinen Platz, du Satan! Du willst mich von meinem Weg abbringen! Deine Gedanken stammen nicht von Gott, sie sind typisch menschlich« (Mt 16,23).

Woher stammen unsere Gedanken?

Der entscheidende Punkt

Wenn mir Menschen ihre Probleme beschreiben, geht es erfahrungsgemäß in 90 % der Fälle nicht um ihre wirklichen Probleme. Deshalb besteht die Herausforderung für Prediger und Seelsorger darin, den entscheidenden Punkt zu erkennen. Ein Ehemann sagt vielleicht: »Sie versteht mich nicht.« Wie leicht könnte man jetzt erwidern: »Das ist schade. Das tut mir Leid für Sie.« Aber das eigentliche Problem liegt eventuell darin, dass er sich wie ein Tier benimmt.

Liebevoll, aber deutlich müssen wir hier die Wahrheit aussprechen.

Ein attraktives junges Paar, das ich hier Michelle und Steve nennen will, kam am Ende eines Sonntagsgottesdienstes zum Gebet nach vorne. Beide waren gut gekleidet – er trug einen teuren Anzug mit entsprechender Krawatte, sie ein modisches Kleid. Das feuchte Glitzern in den Augen der Frau ließ mich darauf schließen, dass etwas von dem, was während des Gottesdienstes geschehen oder gesagt worden war, angesprochen hatte. Er dagegen schien sich innerlich eher einen Schritt zurückzuhalten und schaute mir nicht in die Augen.

»Würden Sie bitte für uns beten?« fragte sie.

»Natürlich«, antwortete ich. »Wofür soll ich denn beten?«

»Dass Gott unsere Beziehung segnet«, erwiderte sie.

Das kann alles bedeuten, vor allem mitten in New York City. Deshalb stellte ich noch ein paar weitere Fragen.

»Äh, bevor wir beten, könnten Sie mir noch mit ein paar Hintergrundinformationen weiterhelfen, wenn Sie möchten. Wie lange kennen Sie sich schon?«

»Ein paar Jahre.«

Die nächste Frage war nicht unbedingt höflich, aber ich hatte das Gefühl, dass mir der Heilige Geist einen Schubs gab. Deshalb sagte ich ohne die leiseste Veränderung im Tonfall oder in der Stimme: »Leben Sie zusammen?«

Das hatten sie nicht erwartet. Sie blinzelte heftig; sein Kopf fuhr nach oben. Wir standen eine Sekunde lang regungslos da und starrten einander an. Schließlich antwortete sie: »Nun, äh … ja, wir leben zusammen.«

Ich nickte, dann sagte ich: »Gut, das bindet mir die Hände. Sie möchten, dass ich Gott bitte, etwas zu segnen, wozu er seine Meinung bereits klar und deutlich abgegeben hat. In der Bibel steht eindeutig, dass ein Zusammenleben außerhalb der Ehe falsch ist. Deshalb scheint es mir reine Zeitverschwendung zu sein, ihn um Hilfe in dieser Situation zu bitten, oder?«

Sie starrten mich einfach nur an.

Ich fuhr fort: »Ich sage Ihnen was – lassen Sie uns Gottes Plan verfolgen. Steve, wie wäre es, wenn Sie sich eine andere Wohnung suchten – und zwar gleich jetzt? Sie sagen, dass Sie von Gott das Beste für Ihre Beziehung erbitten. Gut, dann ist dies der erste Schritt dazu. Dieser Schritt wird Ihnen die Tür für viele andere gute Dinge öffnen.«

Man sah Steve an, dass er von dieser Idee nicht begeistert war.

»Haben Sie Familienangehörige oder Freunde in der Stadt, bei denen Sie heute Nacht bleiben können?«

Nein, ihm fiel niemand ein.

»Hören Sie, wir können Ihnen einen Platz besorgen, an dem Sie bleiben können«, sagte ich. »Wenn es Gott wirklich gibt und er Ihnen wirklich helfen möchte, dann sollten Sie diesen Weg einschlagen. Ansonsten tun Sie, was Sie wollen. Das wird Sie natürlich früher oder später zerstören; Sie können Gottes Konsequenzen genauso wenig verändern wie das Gesetz der Schwerkraft.«

Er murmelte eine weitere Ausrede. Ich rief einen der Laienmitarbeiter herüber und bat ihn, für Steve eine Unterkunft für die Nacht zu organisieren.

Steve und Michelle waren sich noch immer nicht sicher. »Was wäre, wenn wir blieben, wo wir sind, aber nicht mehr miteinander schliefen? Das wäre doch in Ordnung, oder nicht?«

Ich erwiderte: »Wenn Sie beide bekennen, Christen zu sein, dann müssen Sie die offensichtliche körperliche Versuchung meiden. Davon abgesehen: Wenn Sie morgens aus Ihrer Wohnung kommen, was wird Ihr Nachbar dann logischerweise annehmen? Wenn schon, dann sollten Sie es richtig machen, okay?«

Schließlich waren sie einverstanden.

Manche Paare, die sich in derselben Situation befanden, waren mit diesem Vorschlag nicht einverstanden. Sie sagten etwas wie: »Wir werden deswegen noch einmal auf Sie zukommen.« Dann gingen sie. Aber zumindest konnte ich nachts schlafen, weil ich wusste, dass ich ihnen vor Gott die Wahrheit gesagt hatte.

Ich habe auch Briefe von Frauen bekommen, die mir schrieben: »Wissen Sie, was Sie mir und meinem Freund damals sagten, hat mir überhaupt nicht gefallen. Sie zeigten uns, was wir aus Sicht der Bibel hören mussten, aber wir wollten es nicht akzeptieren. Ich dachte trotzdem, ich sollte Sie wissen lassen, dass mich mein Freund mittlerweile verlassen hat, ganz wie Sie damals sagten. Ich war ein Stück Fleisch für ihn, nicht mehr. Nun bin ich wieder alleine und wünschte, ich hätte auf Sie gehört.«

Die Situation von Steve und Michelle ging besser aus. Er fand sofort eine andere Wohnung. Wir arbeiteten mit ihnen weiter und betreuten sie seelsorgerlich. Gott öffnete ihnen die Augen für geistliche Zusammenhänge. Und dann passierte etwas Wunderbares. An einem Dienstagabend, als sich die Gebetsversammlung dem Ende zuneigte, sagte ich: »Bevor Sie alle gehen, habe ich noch eine Überraschung für Sie. Bitte erheben Sie sich von Ihren Plätzen.«

Die Gemeinde stand auf – und der Organist begann die einleitenden Takte vom »Hochzeitsmarsch« aus »Lohengrin« zu spielen. Die hinteren Türen öffneten sich, und die lächelnde Braut, in einem schlichten, bodenlangen Kleid und mit Blumen in den Händen, kam nach vorne. Die Leute brachen in begeisterten Applaus aus. Steve, der den ganzen Abend neben mir in der ersten Reihe gesessen hatte, stand für die Trauzeremonie auf. Vor 1 500 Zeugen wurden sie in Christus miteinander vereint.

Mehrere Male während der Zeremonie wurden ihre stillen Freudentränen so laut, dass man sie durch mein Mikrofon hören konnte. Sie schafften es trotzdem, ihr

154

Trauversprechen abzugeben. Nach dem Schlusslied sagte ich zur Gemeinde: »Dieses Paar hat erst kürzlich zu Gott gefunden.« Ich ging nicht auf die Details ihrer Vergangenheit ein, aber die meisten Leute konnten sie sich denken. Sie wussten sehr gut, wie die Gnade und Macht Gottes krumme Dinge gerade biegen kann.

Im Laufe der Jahre kam so etwas ein paar Mal vor. Und es war jedes Mal eine wunderschöne Feier.

Wem wollen Sie gefallen?

Die Mitarbeiter der *Brooklyn Tabernacle*-Gemeinde haben einen schweren Stand, vor allem in den komplizierten Fällen, in denen das Paar, das zusammenlebt, Kinder hat. Dann den Mann zu bitten, aus der gemeinsamen Wohnung auszuziehen, aber die Rechnungen weiter zu bezahlen, ist hart. Diejenigen, denen es mit Buße und Umkehr ernst ist, haben aber genau diesen Weg bis zum Ende verfolgt.

Ich sage oft zu Paaren, die in nichtehelicher Gemeinschaft zusammenleben: »Sie fragen sich vermutlich, worauf ich hinauswill oder was ich zu beweisen versuche. Ich will lediglich Gott gefallen. Wie Sie sehen, ist dieses Kirchengebäude schon voll; wir suchen also nicht verzweifelt nach neuen Mitgliedern oder nach Spenden für die Kollekte. Aber uns ist daran gelegen, Gott zu gefallen und uns nicht schämen zu müssen, wenn wir eines Tages vor ihm stehen.«

Der Apostel Paulus formulierte seine Überzeugung in seinem 1. Brief an die Thessalonicher, Kapitel 2, Vers 4 folgendermaßen: »Wir wollen nicht Menschen gefallen, sondern ihm, der unsere geheimsten Gedanken kennt.« Gott forderte Carol und mich nicht dazu auf, eine große

Gemeinde aufzubauen. Er trug uns auf, das Evangelium zu predigen und Menschen in seinem Namen zu lieben. Manche Zuhörer lehnen die Wahrheit ab, während sich

> Gott forderte Carol und mich nicht dazu
> auf, eine große Gemeinde aufzubauen.
> Er trug uns auf, das Evangelium
> zu predigen und Menschen in seinem
> Namen zu lieben.

andere öffnen. So war es schon immer in der Geschichte, aber die Ergebnisse sind immer dynamischer und großartiger, wenn wir uns an Gottes Vorstellungen halten.

Wie die Israeliten davor gewarnt wurden, sich nicht mit den kanaanitischen Göttern Baal oder Asherah einzulassen, sollten wir uns heute vor dem Gott namens Erfolg hüten. Größer ist nicht unbedingt besser, wenn dabei die Wahrheit verleugnet oder das Wirken des Heiligen Geistes eingeschränkt oder unterbunden wird.

Stellen Sie sich ein Basketballfeld vor, bei dem der Korb 1,5 Meter über dem Boden hängt. Die Freiwurflinie ist einen Meter vom Korb entfernt. Ich habe gerade hintereinander 884 Freiwürfe erzielt.

Meine Frau kommt zu mir, schaut eine Weile zu und sagt: »Was machst du da?«

»Ich spiele Basketball. Schau, hier ist der Ball und da hängt der Korb, und die Linien sind auch markiert.«

Carol würde sagen: »Nein, der Korb sollte 3,5 Meter hoch hängen und diese Linie sollte 4,5 Meter davon entfernt sein. Das ist Basketball. Was du machst, ist eine Farce.«

Unsere Gemeinden haben heutzutage eine Menge Kennzeichen, die sehr christlich aussehen, aber wir haben die Parameter drastisch verschoben. Wir haben unsere Standards gesenkt, in dem vergeblichen Versuch, Gemeinden erfolgreicher aussehen zu lassen, als sie tatsächlich sind. Die Predigten müssen einheitlich positiv sein und die Gottesdienste dürfen nicht länger als 60 Minuten dauern. Selbst dann ist Kirche für manche noch immer lästig, vor allem während der Footballsaison. Sich in der Kirche zu zeigen, ist für manche Menschen eine solche Last, dass die Leute wohl bald anfangen werden, ihre Beteiligung am Gottesdienst zu faxen!

Kürzlich erzählte mir ein Pastor, dass zwei Familien seine Gemeinde verlassen haben und einer anderen Gemeinde beigetreten seien, weil die Parkanweiser seiner Gemeinde die Autos nicht schnell genug aus dem Parkplatz heraus lotsten. Was hätten diese Leute wohl an dem Abend in Troas gemacht, als Paulus bis Mitternacht predigte (vgl. Apg 20,7)?

Können Sie sich vorstellen, wie jemand Petrus am Sonntagmorgen ein Mikrofon in die Hand drückt und ihm zuflüstert: »Okay, Sie haben nun 20 Minuten. Wir müssen die Leute schnell hier rauskriegen, weil um 1 Uhr die Wagenrennen beginnen«?

Der Begriff »besucherfreundlich« kann tatsächlich ein Deckmantel für Fleischlichkeit sein. Dieselben Leute, die Gottesdienste wollen, die nur 60 Minuten dauern, leihen sich Videos aus, die zwei Stunden dauern, und schauen NBA- und NFL-Spiele, deren Spieldauer wesentlich länger ist. Der entscheidende Punkt ist nicht die Länge, sondern das Interesse.

Mal im Ernst: An was werden sich unsere Kinder und Enkel erinnern, die in der Kirche aufwachsen? Ausgedehnte Zeiten, in denen man auf Gott wartet, werden ihnen völlig fremd sein. Sie werden sich nicht daran erinnern können, wie sich Menschen nach Gott ausstrecken. Sie werden sich lediglich an professionell aufbereitete, zeitlich eng bemessene Produktionen erinnern.

Einer unserer Solisten wollte kürzlich in einer anderen Gemeinde singen. Man sagte ihm im Voraus: »Bitte singen Sie keine Lieder, in denen das Blut Christi erwähnt wird. Das ist den Leuten unangenehm und wir wollen hier doch besucherfreundlich sein.«

Wenn die Leute das Wort »Blut« im Sinn von Opfer wirklich nicht schätzen, warum sind sie dann so offen für die Redner, die am 4. Juli (dem amerikanischen Unabhängigkeitstag) auf das Opfer hinweisen, das die mutigen Männer und Frauen im Kampf für die Verteidigung Amerikas gebracht haben? Sollten wir das Blut nicht mehr erwähnen, das für die politische Freiheit vergossen wurde? Und wenn wir das tun, wie viel mehr sollten wir dann das Blut des Lammes Gottes ehren, egal, was andere denken?

Die Botschaft vom Kreuz wird für manche immer eine Dummheit bleiben, für andere ein Stolperstein. Aber wenn wir uns nur nach der Reaktion des Marktes richten, entfernen wir uns von der Macht des Evangeliums. Diese Ängstlichkeit, nicht über das Blut Christi zu reden, ist eine Überreaktion. Schlimmer noch, sie grenzt an Häresie, weil sie die Kraft der Guten Nachricht verdreht und einschränkt.

Was ist daraus geworden, dass wir ohne uns zu schämen für das Evangelium eintreten sollen? Niemand ist schlauer als Gott. Wenn er also sagt, dass wir seinen Willen auf seine Art tun sollen, dann können wir sicher sein, dass daraus auch Ergebnisse entstehen, die ihm Ehre machen. Wir müssen nicht an seiner Stelle »kreativ« werden. Gott weiß genau, was erforderlich ist, und erwartet von uns, ihm mit der Schlichtheit von Kindern zu vertrauen und zu gehorchen.

Gott verlangt von uns nicht, uns möglichst clever um die Menschen zu bemühen, die auf der Suche nach weltlicher Weisheit sind. Nicht durch menschliche Macht und Gewalt, nicht durch Computer, nicht durch Cleverness, sondern durch meinen Geist soll es geschehen, spricht der Herr (vgl. Sach 4,6).

Wir sind heute so programmorientiert, dass Gott nicht einmal durchbrechen könnte, wenn er wollte. In manchen Gemeinden sind die Liedfolgen während der Anbetungszeiten so starr festgelegt, dass nichts, nicht einmal der Geist Gottes, unterbrechen kann. Die Anbetungsleiter sind musikalisch perfekt und alles andere auch. Wenn Gott die Israeliten 40 Jahre lang durch die Wüste geführt hat, kann er uns dann nicht auch ohne ein festes Programm durch einen Gottesdienst oder eine Anbetungszeit leiten? Ein grundlegendes Kennzeichen von Erweckung ist, dass der Wind des Geistes wehen kann, wo er will.

> Ein grundlegendes Kennzeichen von Erweckung ist, dass der Wind des Geistes wehen kann, wo er will.

Wir brauchen keine Leute, die mit besonderen Techniken und Programmen für unsere Gemeinden arbeiten; wir brauchen Gott. Er ist nicht auf der Suche nach klugen Leuten, denn er ist selbst klug. Er sucht lediglich nach Menschen, die ihm einfach vertrauen.

Wenn Veranstaltungen vom Heiligen Geist geleitet werden, wird das Ergebnis für den Besucher folgendermaßen aussehen: »Seine geheimen Gedanken kommen ans Licht. Er wird sich niederwerfen, wird Gott anbeten und bekennen: ›Wahrhaftig, Gott ist mitten unter euch!‹« (1 Kor 14,25). Das sollte unser Ziel sein. Wenn ein Besucher zu unseren Veranstaltungen kommt, sollte er dort Gottes Wahrheit und Gottes Gegenwart erfahren können. Er sollte erkennen, wie sein Leben wirklich ist, und zur Umkehr geführt werden.

Sehnen wir uns danach? Beten wir dafür? Haben sich die heutigen Gemeindeleiter dies zum Ziel gemacht? Ermutigen Gemeindemitglieder ihre Pastoren dazu, sich unabhängig von den Kosten nach der Stimme Gottes zu richten?

Nachdem Alexander Whyte in Schottland die Erweckung von 1859 miterlebte, stellte er sehr treffend fest: »Bei einer Erweckung übernimmt die Gemeinde das Predigen.« Er wollte damit zum Ausdruck bringen, dass nicht nur Prediger, Musiker und andere Dienste, sondern vor allem die enge Gemeinschaft Gottes mit seinen Kindern Leben verändert.

Der Härtetest

Bei einer Musikkonferenz, zu der ich als Redner eingeladen war, kam ein Mann mit Tränen in den Augen auf mich zu.

»Wir haben gerade einen neuen Pastor bekommen«, sagte er. »Und seine Anweisungen an mich als Musiker lauten: ›Bitte hören Sie mit dieser ‚Kirchenmusik‘ auf. Ich möchte, dass sie Musik vom Broadway und aus der Popszene für die Sonntagsgottesdienste übernehmen.‹

Was soll ich tun? Ich möchte ja genauso auf die Leute eingehen wie er – aber bedeutet das, dass ich deswegen den Namen des Herrn nicht mehr mit unserer Musik ehren kann, mit der ich es immer getan habe?«

Ich erklärte ihm, dass er keine andere Wahl hatte, als zurück zu seinem Pastor zu gehen und diesem von seinen Bedenken zu berichten. Sie mussten ausführlich und offen miteinander sprechen. Es ist nicht falsch, in Gottesdiensten eine andere Art von Musik zu verwenden, es kommt ausschließlich auf die Beweggründe an – und darauf, dass dies nicht auf Kosten der eigentlichen Botschaft geschieht.

Es wird ein Tag kommen, schreibt Paulus, an dem sich erweisen wird, »ob es Bestand hat. Dann wird die Feuerprobe gemacht: Das Werk eines jeden wird im Feuer auf seinen Wert geprüft« (1 Kor 3,13). Gold, Silber und kostbare Steine werden bestehen, Holz, Schilf und Stroh dagegen in Rauch aufgehen.

Paulus schreibt nicht, dass die Quantität geprüft wird. Er sagt nichts von Besucherzahlen. Alles wird sich auf die Qualität konzentrieren.

Warren Wiersby machte gegenüber den Mitarbeitern der *Brooklyn Tabernacle*-Gemeinde eine interessante Beobachtung: »Was ist der Unterschied zwischen diesen Materialien – abgesehen von der offensichtlichen Tatsache, dass die einen feuerfest sind, die anderen dagegen nicht?

Ich denke, es ist von Bedeutung, dass Holz, Schilf und Stroh im Überfluss vorhanden und gleich vor der Tür oder nur wenige Kilometer entfernt zu finden sind. Jeder Wald, jedes Feld hat davon reichlich zu bieten.

Aber wenn Sie Gold, Silber und kostbare Steine wollen, müssen Sie danach graben. Sie müssen sich darum mit großem Einsatz bemühen. Diese Dinge liegen nicht einfach so überall herum. Danach müssen Sie tief in der Erde suchen.«

In dieser Aussage steckt sehr viel Wahrheit. Geistliche »Konstrukte«, die Holz, Schilf und Stroh verwenden, lassen sich leicht umsetzen – wenig Arbeit, wenig Suchen, keine Mühen. Sie klatschen es einfach hin und dann sieht es akzeptabel aus – zumindest eine Zeit lang. Aber wenn Sie etwas bauen wollen, das den Tag des Gerichts übersteht, dann ist Ihre Arbeit mit weit höheren Kosten verbunden.

An diesem Tag wird es egal sein, was Ihre Mitchristen über Sie gedacht haben. Es wird egal sein, was die Marketingexperten Ihnen geraten haben. Dann werden Sie vor dem Einen stehen, dessen Augen »wie Feuer« sind. Und wir werden ihn nicht dadurch besänftigen, dass wir ihm erklären, wie brillant unsere Strategie war. Wir werden seinem glühenden Blick ausgesetzt sein.

Er wird uns nur fragen, ob wir seinem Wort treu waren.

Kapitel 9

Der Reiz der Lehre
ohne Vollmacht

E s liegt nicht in meiner Absicht, New York als völlig gottlos und heidnisch darzustellen. Brooklyn galt in der Tat historisch gesehen schon immer als der »Bezirk der Kirchen«. Es gibt hier unzählige Gebäude, die früher einmal aktive und lebendige Gemeinden beherbergten. Leider stehen die meisten von ihnen heute leer. Als sich die Umgebung »veränderte« und von der Drogen-Szene dominiert wurde, ging der Schwung verloren.

Viele Gemeindemitglieder starben oder zogen an den Stadtrand, hinterließen aber großzügige Stiftungen. Heute sitzen in den Bankreihen dieser Gemeinden unter Umständen armselig wenige Gottesdienstbesucher, aber trotzdem ist die Gemeinde in der Lage, dem Pastor ein volles Gehalt zu zahlen und den Betrieb am Laufen zu halten. Zu den bekanntesten zählt eine Gemeinde, deren Räumlichkeiten wir für unsere besonderen evangelistischen Veranstaltungen mieten. Der Kirchenraum fasst 1 400 Sitzplätze und war in den 30er und 40er Jahren gut gefüllt; seit den 60er Jahren wird er aber nicht mehr für den regulären Sonntagsgottesdienst genutzt. Die Gemeinde versammelt sich heute stattdessen im Untergeschoss.

Die Innenstädte sind zum vergessenen Missionsfeld geworden. Die Kirchen stehen an Orten leer, an denen sie eigentlich überfüllt sein müssten. Sünde nimmt einen großen Raum ein, aber – im Gegensatz zu Paulus' Aussagen aus Römer, Kapitel 5 – ist die Gnade nicht übergroß.

Liegt das daran, dass von den Kanzeln nicht die Wahrheit gepredigt wird?

In einigen Fällen ja, aber in vielen Fällen nicht. Das mag Sie überraschen, wenn Sie von der Annahme ausgehen, dass ein Rückgang der Mitglieder immer auf theologische Liberalität oder falsche Lehre zurückzuführen ist. Doch viele dieser Gemeinden, die solche Kirchengebäude besitzen, sind so orthodox, wie eine Gemeinde nur sein kann. Wenn Sie sie über die Gottheit Jesu, die Jungfrauengeburt oder ihr Festhalten am Apostolischen Glaubensbekenntnis befragen würden, würden sie die Prüfung mit Bravour bestehen.

Was fehlt also?

Mehr als Kopfwissen

Das fehlende Element wird im letzten Satz des Gebetes aus dem 4. Kapitel der Apostelgeschichte formuliert: »Laß Heilungen und andere Wundertaten geschehen durch den Namen deines heiligen Bevollmächtigten Jesus« (Apg 4,30)! Was die Aufmerksamkeit von Nichtchristen weckt und ihr Innerstes trifft, ist ein Evangelium, das sich in Vollmacht zeigt.

Es ist mehr als akademische Strenge nötig, um die Welt für Christus zu gewinnen. Korrekte Lehre allein reicht nicht aus. Verkündigung und Lehre sind nicht genug. Gott muss eingeladen werden, »seine Beglaubigung [...] durch staunenswerte Wunderzeichen und machtvolle Taten« zu geben (Hebr 2,4). Mit anderen

Worten: Die Verkündigung der Guten Nachricht muss den Heiligen Geist, der vom Himmel gesandt ist, mit einbeziehen.

Die Apostel beteten darum, dass Gott übernatürliche Dinge tat. Sie wollten, dass die Menschen sahen, dass ihr Glaube mehr als ein Standpunkt oder eine Theorie war. In diesem Glauben lag Kraft. »Oh, Gott, streck deine Hand aus und arbeite hier mit uns zusammen.« Sie wollten einen Glauben, der ganz offenkundig lebendig war, einen Glauben, der sich nicht nur auf das Kreuz, sondern auch auf das leere Grab stützte. Das Kreuz, so schmerzlich es ist, ist aus menschlicher Perspektive verständlich: Ein unschuldiger Mann wurde von unehrlichen Politikern und religiösen Führern ermordet. Aber das leere Grab – was kann man da sagen? So etwas kann nur ein übernatürlicher Gott bewerkstelligen.

In viel zu vielen Kirchen und Gemeinden sehen die Menschen heute keine Manifestationen der Macht Gottes als Antwort auf inständiges Gebet. Stattdessen hören sie Argumente in Bezug auf theologische Fragen, die nur wenige Menschen interessieren. In christlichen Radio- und Fernsehsendungen führen wir überwiegend Selbstgespräche.

Wir müssen uns heute mit einer alttestamentlichen »Gelübdereligion« auseinandersetzen, die aus endlosen Wiederholungen und Geboten besteht, die uns dazu anhalten, die richtigen Dinge zu tun. Moderne Prediger wie Mose kommen vom Berg herunter und rufen zur Hingabe auf. Alle sagen ja, brechen den Schwur dann aber prompt innerhalb von zwei Tagen. Wir sind einfach nicht mehr bereit, uns dem übernatürlichen Wirken Gottes anzuvertrauen, das in uns eine permanente Veränderung herbeiführen kann. Wir bitten Gott zu wenig darum, uns auf übernatürliche Weise zu verändern.

Das, was Jesus zur Gemeinde in Sardes sagte, gilt auch heute für uns:

> »Ich weiß, daß ihr in dem Ruf steht, eine lebendige Gemeinde zu sein; aber eigentlich seid ihr tot. Werdet wach und stärkt den Rest, der noch Leben hat, bevor er vollends stirbt. Was ich bei euch an Taten vorgefunden habe, kann in den Augen meines Gottes noch nicht bestehen. [...] Wenn ihr nicht wach seid, werde ich euch wie ein Dieb überraschen; ihr werdet nicht wissen, in welcher Stunde ich komme. [...] Wer Ohren hat, soll hören, was der Geist den Gemeinden sagt!« (Offb 3,1–3.6).

Ist es nicht bemerkenswert, dass nur zwei der sieben Gemeinden der Offenbarung (Pergamon und Thyatira) für falsche Lehre kritisiert werden? Weit häufiger fehlte es an geistlicher Lebendigkeit, an Leidenschaft und an Nähe zu Gott. Zu diesen Punkten hatte Christus am meisten zu sagen.

Ich bin kein Verfechter von Melodramen und Theatralik, die Emotionen provozieren. Aber ich kann dieselbe Gunst wie die Apostel in Anspruch nehmen und Gott bitten, seine Hand auszustrecken und uns sich und seine Macht zu zeigen.

Menschen werden aufmerksam, wenn sie sehen, dass Gott Menschen tatsächlich verändert und frei setzt. Wenn ein neuer Christ aufsteht und erzählt, wie Gott sein Leben auf den Kopf gestellt hat, dann schläft dabei niemand ein. Wenn jemand geheilt oder von einer Abhängigkeit befreit wurde, die sein Leben kontrolliert hat, dann merkt jeder auf. Solche Dinge geben Zeugnis für einen starken und lebendigen Gott.

Tun Sie mehr,
als nur die Stellung zu halten!

Die Reinheit der Lehre zu erhalten ist gut, aber nicht alles, was die neutestamentliche Gemeinde ausmacht. Die Apostel wollten mehr als nur »die Stellung halten«. Sie baten Gott, sie zu bevollmächtigen, damit sie hinausgehen und eine ganze Kultur verändern konnten.

An viel zu vielen Orten, an denen man bis drei Uhr nachts die Bibel auseinander nimmt und über Fragen der richtigen Lehre diskutiert, fehlt der eigentliche Geist dieser Lehre. William Law, ein englischer Autor des frühen 18. Jahrhunderts, schrieb:

> »Lesen Sie jedes beliebige Kapitel der Bibel und seien Sie davon begeistert – aber es wird Sie so arm, so leer und so unverändert zurücklassen, wie es Sie angetroffen hat, solange es Sie nicht ganz und einzig und allein zum Geist Gottes ausgerichtet und in völlige Gemeinschaft mit ihm und in Abhängigkeit von ihm gebracht hat« (William Law, *The Power of the Spirit*, Fort Washington, PA, Christian Literature Crusade, 1971, S. 19).

Eine Möglichkeit zu erkennen, ob unsere Beziehung zum Heiligen Geist gestört ist, besteht darin, unsere Haltung zu Menschen anzuschauen, die schmutzig sind, die »anders« sind, die nicht zum Bild der Gruppe passen. Der Gedanke, dass eine Gemeinde dazu berufen sein soll, ausschließlich Yuppies oder einer klar umrissenen Personengruppe zu dienen, findet sich nicht im Neuen Testament. »Der Menschensohn ist gekommen, um die Verlorenen zu suchen und zu retten« (Lk 19,10). Nirgendwo ist die Rede davon, dass Christus nur für bestimmte Menschen starb. Der Geist Gottes ist ein Geist, der barmherzig und voller Mitleid ist, ein Geist, der zu allen Menschen kommt.

Doch Christen zögern oft, zu den Menschen zu gehen, die anders sind als sie selbst. Sie wollen, dass Gott den Fisch reinigt, bevor sie ihn fangen. Wenn der Gold-

> Doch Christen zögern oft, zu den Menschen zu gehen, die anders sind als sie selbst. Sie wollen, dass Gott den Fisch reinigt, bevor sie ihn fangen.

ring eines Menschen an einem ungewöhnlichen Körperteil angebracht ist, wenn jemand nicht gerade gut riecht oder eine andere Hautfarbe hat, zögern Christen häufig. Aber denken Sie einen Augenblick darüber nach, wie Gott uns entgegengekommen ist: Der heilige, reine Gott streckte sich zu uns aus, als wir schmutzig, bösartig und unheilig waren. Gott hätte sagen können: »Ihr seid so anders als ich, so unangenehm; ich will euch wirklich nicht zu nahe kommen.« Aber er sagte nichts dergleichen. Gerade unsere Andersartigkeit brachte ihn dazu, seine Hand voller Liebe auszustrecken.

Jesus heilte die Leprakranken nicht aus einer Distanz von 30 Metern. Er berührte sie.

Ich werde nie den Ostersonntag 1992 vergessen – den Tag, an dem Roberta Langella ihr dramatisches Zeugnis weitergab, das ich in Kapitel 3 beschrieben habe. Ein obdachloser Mann stand hinten in der Kirche und hörte aufmerksam zu.

Am Ende der Abendveranstaltung setzte ich mich erschöpft an den Rand der Bühne, während andere noch mit denen beteten, die Christus in ihr Leben aufgenommen hatten. Der Organist spielte leise Musik. Ich wollte mich entspannen. Ich war gerade dabei, etwas abzuschalten, als ich aufschaute und den Mann mit seiner schäbigen Kleidung und den verfilzten Haaren sah, der etwa auf der Höhe der vierten Bankreihe im Mittelgang stand und auf die Erlaubnis wartete, mich ansprechen zu dürfen.

Ich nickte und gab ihm einen leichten Wink mit der Hand. *Schau nur, wie dieser Ostersonntag endet,* dachte ich mir. *Er wird mich um Geld bitten.* Das passiert in dieser Gemeinde häufig. *Ich bin so müde ...*

Als er näher kam, sah ich, dass seine Schneidezähne fehlten. Aber schlimmer war der Geruch, den er ausströmte – die Mischung aus Alkohol, Schweiß, Urin und Müll verschlug mir den Atem. Ich bin schon vielen Menschen begegnet, die auf der Straße leben, aber noch nie einem so starken Geruch. Ich wendete den Kopf instinktiv zur Seite, um einatmen zu können, dann schaute ich wieder geradeaus in seine Richtung, während ich ausatmete.

Ich fragte ihn nach seinem Namen.

»David«, sagte er leise.

»Wie lange sind Sie schon obdachlos, David?«

»Seit sechs Jahren.«

»Und wo haben Sie letzte Nacht geschlafen?«

»In einem alten Auto.«

Ich hatte genug gehört und wollte es schnell hinter mich bringen. Ich griff nach dem Geldbeutel, der in meiner Hosentasche steckte.

In diesem Augenblick hielt mir David seine Hand abwehrend vor die Nase und sagte: »Nein, Sie verstehen mich nicht. Ich will Ihr Geld nicht. Ich werde dort draußen sterben. Ich will diesen Jesus, von dem dieses rothaarige Mädchen geredet hat.«

Ich zögerte, dann schloss ich die Augen. *Gott, vergib mir,* flehte ich. Ich fühlte mich schmutzig und schlecht. Ich, ein Pastor, ich hatte ihn einfach loswerden wollen, als er nach der Hilfe Christi verlangte, über die ich gerade gepredigt hatte ... Ich schluckte, als Gottes Liebe meine Seele überflutete.

David spürte die Veränderung in mir. Er kam auf mich zu und fiel mir um den Hals; er barg seinen schmutzigen Kopf an meinem weißen Hemd. Während ich ihn fest hielt, sprach ich mit ihm über die Liebe Jesu. Das waren nicht bloß Worte; ich spürte sie. Ich empfand Liebe für diesen bedauernswerten jungen Mann. Und dieser Geruch ... Ich weiß nicht, wie ich es erklären soll. Zuerst war mir fast schlecht geworden, aber nun war er der schönste Wohlgeruch für mich. Ich genoss aus ganzem Herzen, was mich noch einen Augenblick zuvor abgestoßen hatte.

Gott schien mir in diesem Moment zu sagen: »Jim, wenn du und deine Frau einen Wert für mich habt, wenn ihr in meinem Reich einen Sinn habt, dann hat das mit diesem Geruch zu tun. Das ist der Geruch der Welt, für die ich gestorben bin.«

David vertraute dem Christus, von dem er an diesem Abend gehört hatte, sein Leben an. Wir brachten ihn für eine Woche zur Entgiftung ins Krankenhaus. Wir ließen seine Zähne richten. Er schloss sich dem Gebetsteam der Gemeinde an. Er verbrachte das nächste Erntedankfest in unserer Familie. Wir luden ihn auch Weihnachten wieder ein.

Ich werde nie sein Geschenk für mich vergessen. In einer kleinen Schachtel lag ... ein Taschentuch. Mehr konnte er sich nicht leisten.

Heute ist David Hausmeister der Gemeinde und steht zehn anderen Angestellten vor. Er ist inzwischen verheiratet und hat Kinder. Gott öffnet ihm immer mehr Türen, durch die er hinausgehen und seine Geschichte weitergeben kann. Wenn er spricht, haben seine Worte ein Gewicht und einen Einfluss, nach dem sich viele ordinierte Pastoren sehnen.

Wenn Christen losgehen und alle Menschen berühren wollen, einschließlich der unliebenswerten, die es überall in unserer Gesellschaft gibt, dann berührt Gott auch sie – und verändert ihr Leben. Andernfalls schotten wir uns in unserem Elfenbeinturm ab und beschäftigen uns lediglich mit Bibelstudien. Dann kann sich die Liebe Gottes nicht zeigen, weil wir uns den Situationen entziehen, die eine Demonstration dieser Liebe erfordern.

Warum scheinen die Geschichten von den größten Wundern von den Missionsfeldern zu kommen, entweder aus Übersee oder von den mittellosen Menschen hier zu Hause (beispielsweise die Arbeit von *Teen Challenge* unter Drogenabhängigen)? Weil dort Not herrscht. Christen geben ihre Lehre weiter an Menschen, die im Chaos leben; genau dazu hat Gott uns aufgefordert.

Bibellehrer und theologische Autoren geraten ohne dieses gelebte Mitleid nur allzu leicht in die Gefahr, hochmütig zu werden. Wir werden stolz auf das, was wir wissen. Wir sind so beeindruckt von der Ordentlichkeit unserer Lehre, dass wir in intellektuelle Arroganz verfallen. Wir haben die Regeln und Theorien alle durchschaut, während der Rest der Welt in Bezug auf die Wahrheiten Gottes völlig verwirrt und durcheinander ist – diese armen Seelen!

Eine solche Haltung entzieht dem Wort, das wir predigen, den eigentlichen Kern. Dann landen wir bei einer Menge doktrinärer Spitzfindigkeiten, aber es geschieht nur sehr wenig, was der Bibel ähnelt, aus der wir lehren. Ich persönlich kann diese ganzen Positionen und Lehrprinzipien nicht mehr hören. Wo sind die Scharen von Neubekehrten? Wo sind die fröhlichen Tauffeiern? Wo sind die lebendigen Gebetsversammlungen?

Carol und ich haben festgestellt, dass wir New York lieber gestern als heute verlassen würden, wenn Gott uns nicht immer wieder neu mit seiner Liebe füllen würde. Wir leben in dieser überfüllten, dekadenten Stadt voller Gewalt nicht, weil wir sie so lieben. Jedes Mal, wenn ich einem Mann begegne oder von einem lese, der ein Mädchen sexuell missbraucht hat, bin ich tief in mir versucht, ihn aus dem Fenster eines Hochhauses zu werfen, und zwar aus dem obersten Stockwerk. Das hier ist kein Ort, an dem die Liebe leicht gedeiht.

Aber Christus starb auch für diesen Mann. Was könnte ihn jemals verändern? Was könnte die Lust und Gewalt in seinem Herzen ersetzen? Es ist nicht sehr wahrscheinlich, dass dieser Mann die theologischen Kommentare liest, die in meinem Bücherregal stehen. Er muss vielmehr von der Macht eines liebenden und allmächtigen Gottes überrascht werden.

Wenn der Heilige Geist mein Herz nicht in Einklang mit meiner Lehre hält, dann fehlt etwas Entscheidendes. Ich kann die Existenz Jesu Christi so stark betonen, wie ich will, aber um effektiv zu sein, muss er in meinem Leben so lebendig sein, dass ihn auch der Pädophile, die Prostituierte und der Dealer sehen können.

Kunst oder Herz?

Wenn wir uns nicht danach sehnen und dafür beten, dass Gott seine Hand ausstreckt und übernatürliche Dinge tut, werden sie auch nicht geschehen. Das ist die einfache Wahrheit. Wir müssen ihm Raum zum Handeln ge-

172

ben. Wenn wir Woche für Woche unsere Zeit ausschließlich damit verbringen, religiöse Bücher zu lesen, und sonst nichts tun, bieten wir Gott kaum Gelegenheit zum Eingreifen.

So lange wir geschäftig an unserer Redekunst feilen, gehört die Bühne uns alleine. Hören Sie auf den Tadel, den der große Gebetsprophet E. M. Bounds vor mehr als 100 Jahren formulierte:

>>*Unter den Dingen, die geistliche Erfolge behindern, muss großartiges Predigen einen der ersten Ränge einnehmen. Großartiges Predigen ist die Art von Predigen, bei der der Prediger alles daran setzt, in der Predigt große Gedanken zu entfalten, sie so geschmackvoll wie ein Kunstwerk zu präsentieren, so perfekt wie ein wissenschaftliches Lehrstück, rhetorisch bis ins Letzte ausgefeilt und sowohl gefällig als auch populär formuliert.*
Wahres Predigen dagegen kommt aus dem Prediger selbst. Es ist Teil von ihm, fließt aus seinem Leben. Großartiges Predigen trennt zwischen dem Prediger und der Predigt. Solche Predigten werden beeindrucken, aber sie hinterlassen nicht den Eindruck, den der Heilige Geist macht. Sie mögen Einfluss haben, aber der Einfluss ist nicht ausgesprochen geistlich, wenn er überhaupt geistlich ist. Diese Predigten erreichen das Gewissen nicht, sie sind auch nicht dazu gedacht<< (E. M. Bounds, *Powerful and Prayerful Pulpits*, Grand Rapids, Baker, 1993, S. 55).

Gott ist bei Weitem nicht so von den Leistungen auf der Kanzel beeindruckt, wie er es von demütigen Worten ist, die der Seele seine Gegenwart deutlich machen. Denken Sie an den Dienst von Paulus und Barnabas in zwei be-

173

nachbarten Städten, von dem im 14. Kapitel der Apostelgeschichte berichtet wird:

1. Ikonion: »Im Vertrauen auf den Herrn verkündeten sie die Botschaft von der rettenden Gnade frei und offen, und der Herr bestätigte die Botschaft durch die wunderbaren Taten, die er durch Paulus und Barnabas geschehen ließ« (Vers 3).

2. Lystra: »In Lystra sahen Paulus und Barnabas einen Mann sitzen, der seit seiner Geburt gelähmt war. Seine Füße waren kraftlos; er hatte in seinem ganzen Leben noch keinen Schritt getan. Er hörte zu, wie Paulus die Gute Nachricht verkündete. Paulus blickte ihn an, und als er merkte, daß der Gelähmte das feste Vertrauen hatte, geheilt zu werden, sagte er laut: ›Steh auf, stell dich aufrecht auf deine Beine!‹ Da sprang der Mann auf und ging umher« (Verse 8–10) Die Volksmenge reagierte unmittelbar.

Botschaft plus göttliches Wirken. Lehre plus Vollmacht. So funktioniert es im Neuen Testament.

Ein ernüchternderes Beispiel findet sich im vorangegangenen Kapitel, als die beiden Apostel mit einem römischen Statthalter auf der Insel Zypern sprachen, der das Wort Gottes hören wollte (Apg 13,7). Ein Magier namens Elymas unterbrach die Verkündigung. »Saulus – mit seinem römischen Namen heißt er übrigens Paulus – sah den Magier scharf an; erfüllt vom Heiligen Geist« (Vers 9) und wies ihn zurecht, wobei er ankündigte, dass Gott ihn mit Blindheit schlagen würde.

Es ist kein Zufall, dass hier der geistliche Zustand von Paulus erwähnt wird: Er war mit dem Heiligen Geist erfüllt. Dieser Mann war in diesem Augenblick vom Heiligen Geist bevollmächtigt und bereit für den satanischen Angriff. Die Lehre von Paulus wurde unmittelbar durch Gottes überwältigende Macht bestätigt:

»Als der Statthalter sah, was geschehen war, kam er zum Glauben; denn er war tief beeindruckt davon, wie mächtig sich die Lehre von Jesus, dem Herrn, erwiesen hatte« (Apg 13,12).

War er beeindruckt von der Lehre? Ja, denn dies war Lehre *mit* Vollmacht. Menschen müssen nicht nur davon hören, sondern die Gnade Gottes, von der wir sprechen, auch spüren, sehen und erleben.

Ein solches Ereignis war sicher nicht vorhersagbar. Wenn wir unsere Gemeindeveranstaltungen für Gottes Macht öffnen, werden sie nicht immer einem vorher festgelegten Ablauf oder einer bestimmten Ordnung folgen. Wer kann schon planen, was Gott vorhat?

> Wenn wir unsere Gemeindeveranstaltungen für Gottes Macht öffnen, werden sie nicht immer einem vorher festgelegten Ablauf oder einer bestimmten Ordnung folgen. Wer kann schon planen, was Gott vorhat?

Es gibt Menschen, die die Auffassung vertreten: »Die Zeichen und Wunder aus der Apostelgeschichte waren eine zeitlich begrenzte Erscheinung. Sie dienten dazu, die Echtheit der Apostel zu bestätigen, so lange das Neue Testament noch nicht geschrieben war. Nun haben wir das Wort Gottes vollständig in schriftlicher Form vorliegen, deshalb sind übernatürliche Geschehnisse nicht mehr erforderlich.«

Meine Antwort darauf lautet: Wenn wir eine vollständige Offenbarung in schriftlicher Form vorliegen haben, sehen wir dann wenigstens so viele Erfolge für das Reich Gottes, so viele Menschen zum Glauben kommen, so viele Siege über Satan wie diese armen Kerle, die nur das Alte Testament zur Verfügung hatten? Wenn nicht, warum nicht? Fehlt uns vielleicht irgendetwas Entscheidendes, das sie für wesentlich hielten?

Ich bin Predigern begegnet, die eine Datei im Computer aufgerufen und mir stolz gezeigt haben, worüber sie im nächsten Jahr predigen werden. Alles war festgelegt. Der Druck, jede Woche wieder neu Gott suchen zu müssen, war damit beseitigt. Was aber, wenn Gott andere Vorstellungen hat? Was, wenn sich die geistliche Temperatur der Gemeinde bis zum nächsten Oktober ändert? Ohne Salbung und prophetisches Gespür dafür, dass es an einem Sonntag vielleicht angebracht sein kann, aus aktuellem Anlass etwas anderes aus Gottes Wort weiterzugeben, kann sich das Gemeindeleben auf wenig mehr als eine Vorlesungsreihe reduzieren.

Stellen Sie sich die folgende Szene vor: Carol und ich laden Sie zu uns nach Hause zum Essen ein. Wenn Sie ankommen, begrüße ich Sie an der Tür. Sobald ich Ihnen Ihren Mantel abgenommen habe, drücke ich Ihnen einen Zettel mit dem Ablaufplan für diesen Abend in die Hand. Darauf sehen Sie, dass wir die ersten sieben Minuten mit leichter Konversation verbringen werden: »War viel Verkehr in der Stadt? Wie geht's Ihren Kindern?«

In den nächsten vier Minuten ist eine schnelle Führung durch unsere Wohnung vorgesehen, der Balkon nach hinten und so weiter. Danach sind 22 Minuten für das Essen eingeplant. Carol wird das Tischgebet sprechen; dann wird das Essen verteilt …

Sie würden vermutlich denken: *Das ist doch merkwürdig. Warum diese ganze Reglementierung? Können*

wir uns nicht einfach entspannen und uns kennen ler-
nen? Was ist, wenn jemand eine Idee hat oder über et-
was reden möchte, das in diesem Ablaufplan nicht vor-
gesehen ist?

Gottesdienste, die uns eigentlich in die Gegenwart
Gottes ziehen sollen, sind oft nicht anders. Spontaneität
und die Führung durch den Heiligen Geist werden im
Namen eines geregelten Ablaufes aus dem Gottesdienst
verbannt. Doch eine strikt eingehaltene Gottesdienstordnung war noch nie ein Garant für Erweckung.

Verstehen Sie mich nicht falsch. Ich möchte hier nicht
für Chaos und Durcheinander plädieren. Ich sage nicht,
dass schon alles »irgendwie« geht. Ich möchte nur daran
erinnern, dass wir uns vom Heiligen Geist leiten lassen
sollen. Jesus sagte, dass er seine Kirche bauen wolle, das
heißt, wir dürfen nicht so unabhängig sein, dass wir den
Kontakt zum Chefplaner verlieren. Gott, der Heilige
Geist, handelt auch auf ungewöhnliche Weise, und er
setzt uns davon nicht immer im Voraus in Kenntnis.

»Alle, die sich in dieser Weise vom Geist Gottes führen lassen, die sind Gottes Söhne und Töchter«, schreibt
Paulus in seinem Brief an die Römer (Röm 8,14). Lesen
Sie die Evangelien und achten Sie auf den Tagesplan
Jesu. Sie werden nichts dergleichen finden. Durchforsten Sie die Apostelgeschichte nach der apostolischen Li-
turgie. Sie werden mit leeren Händen dastehen. Dagegen finden Sie dort Menschen, die in spontanem
Gehorsam handeln, wie sie der frische Wind des Heiligen Geistes leitet.

Das Gebet der Gläubigen in Jerusalem, das sich in
Apostelgeschichte, Kapitel 4 findet, drückt im Wesentlichen aus: »Gott, bitte sende uns nicht nur hinaus, damit wir reden. Wirke durch uns; bestätige deine Botschaft auf übernatürliche Weise.« Auf welche Weise und

in welcher Form dies geschehen sollte, überließen sie völlig Gott. Und sie taten gut daran.

Charles Finney, der Rechtsanwalt war, bevor er Evangelist wurde, sagte einmal, er wisse, dass er mit seiner Predigt versagt hatte, solange das Publikum ihn anschaute, während er predigte. Erst wenn die Zuhörer die Köpfe senkten, weil sie von Sünde überführt wurden, wusste er, dass Gott an seiner Seite arbeitete und in den Herzen eine Veränderung bewirkte. Die Worte der korrekten Lehre alleine reichten nicht aus.

Erweckungsbewegungen waren noch nie von eloquenten oder cleveren Predigten dominiert. Wenn man die Versammlungen mit einer Stoppuhr gemessen hätte, hätte man feststellen können, dass weit mehr Zeit für Gebet, Weinen und Umkehr aufgewendet wurde als für die Predigt. In der »Gebetsversammlungs-Erweckung« von 1857–59 gab es so gut wie überhaupt keine Predigten. Und doch brachte sie die größte Ernte aller geistlichen Erweckungen in Amerika hervor: schätzungsweise 1 000 000 Bekehrte in den ganzen Vereinigten Staaten, bei einer Gesamtbevölkerung von 30 000 000. Das würde heute einer Zahl von 9 000 000 Amerikanern entsprechen, die vor Gott auf die Knie gehen und umkehren!

Wie kam es dazu? Ein ruhiger Geschäftsmann namens Jeremiah Lanphier fing in einer reformierten holländischen Gemeinde hier in New York, unweit der Wall Street, am Mittwochmittag mit einer Gebetsversammlung an. In der ersten Woche kamen sechs Personen. In der zweiten Woche 20. In der nächsten Woche 40 – und daraufhin beschlossen sie, tägliche Gebetsversammlungen abzuhalten.

»Es war kein Fanatismus, keine Hysterie, einfach nur ein unglaublicher Drang der Menschen zu beten.

Die Gottesdienste wurden nicht von Predigten bean-
sprucht. Stattdessen hatte jeder die Freiheit zu be-
ten« (J. Edwin Orr, *America's Great Revival,* Eliza-
bethtown, PA, McBeth Press, 1957, S. 11).

In der vierten Woche brach die Börsenpanik von 1857
aus; der Wertpapiermarkt brach zusammen und die ersten Banken gingen pleite (innerhalb eines Monats brachen über 1 400 Banken zusammen). Die Menschen begannen, ernsthafter als je zuvor nach Gott zu rufen.
Lanphiers Gemeinde hielt zeitgleich drei mittägliche
Gebetsversammlungen in verschiedenen Räumen ab.
Die *John Street*-Methodistengemeinde ein paar Häuser
weiter am Broadway war ebenfalls gut gefüllt. Und bald
platzte auch *Burton's Theater* in der Burton Street jeden
Mittag mit 3 000 Menschen aus allen Nähten.

Dasselbe spielte sich bald auch in Boston, New Ha-
ven, Philadelphia, Washington und im Süden ab. Im
nächsten Frühjahr trafen sich täglich 2 000 Chicagoer
im *Metropolitan*-Theater, um zu beten. In diesen Versammlungen spürte ein 21-jähriger Mann, der neu in der
Stadt war, zum ersten Mal seine Berufung. Er schrieb
seiner Mutter, dass er mit einer Sonntagsschulklasse beginnen wolle. Sein Name war Dwight L. Moody.

Fehlt es uns heute an Predigern, Büchern, Bibelüber-
setzungen und Lehrsätzen? Nein, was uns wirklich fehlt,
ist die Leidenschaft, Gott anzurufen, bis er den Himmel
aufmacht und sich selbst in seiner Macht zeigt.

Die Grenzen der Lehre

Erlauben Sie mir eine kühne Behauptung: Das Christentum ist nicht in erster Linie eine Lehrreligion. Wir wer-

den heutzutage vom Rednerkult geradezu überrollt. Die Person, die aufstehen und korrekte Lehre weitergeben kann, wird als wesentlich angesehen; ohne jemanden mit dieser Gabe wüsste die Gemeinde nicht, was sie tun soll. Wie ich bereits sagte, hat die nordamerikanische Kirche die Predigt zum Kernstück und Zentrum des Gottesdienstes gemacht statt den Thron der Gnade, auf dem Gott im Leben von Menschen handelt.

Der jüdische Glaube zur Zeit Jesu war von Rabbis dominiert – von Gesetzeslehrern. Ihre Lehre war fundiert. Jesus sagte ihnen:

»Ihr forscht doch in den Heiligen Schriften und seid überzeugt, in ihnen das ewige Leben zu finden – und gerade sie weisen auf mich hin. Aber ihr seid nicht bereit, zu mir zu kommen und so das ewige Leben zu haben« (Joh 5,39–40).

Sie kannten das geschriebene Wort Gottes sehr gut, aber nicht das lebendige Wort, auch dann nicht, als es vor ihnen stand. Die Bibel ist nicht so sehr das Ziel als vielmehr der Pfeil, der uns auf den lebensverändernden Christus hinweist.

Leider erkannten die Rabbis nie, wer unter ihnen war. In den letzten Tagen vor seiner Kreuzigung weinte Jesus über die Stadt Jerusalem und sagte: »Denn du hast den Tag nicht erkannt, an dem Gott dir zu Hilfe kommen wollte« (Lk 19,44)

Es ist gut und richtig, Fakten über Gott weiterzugeben, aber viel zu wenige Menschen erleben heute den lebendigen Christus in ihrem Leben. Wir erleben einfach nicht, dass Gott uns in unseren Versammlungen zu Hilfe kommt. Wir halten nicht nach seiner ausgestreckten Hand Ausschau.

Die Predigt der rechten Lehre ist, wenn Sie so wollen, das Präludium für das Übernatürliche. Es ist auch ein Wegweiser; es setzt Grenzen und kanalisiert Emotionen und Überschwang angemessen.

Aber wie Paulus sagte: »Der Buchstabe des Gesetzes führt zum Tod; der Geist aber führt zum Leben« (2 Kor 3,6). Wenn wir dem Heiligen Geist bei uns keinen Raum geben, wenn sein Wirken nicht willkommen ist, wenn wir Angst vor dem haben, was er vielleicht tun könnte, dann bleibt uns nur der Tod.

Zugegeben, Extremisten haben fanatische Dinge im Namen des Heiliges Geistes getan, die viele aufrichtige Christen abgeschreckt haben. Chaotische Veranstaltungen, bei denen merkwürdige Dinge passieren und in denen alle Ehrfurcht vor Gott fehlt, lassen viele Christen eine ruhige, geordnete Vorlesung bevorzugen. Aber das ist nur eine weitere Taktik des Feindes, die uns dazu bringt, das Kind mit dem Bade auszuschütten. Satan neigt dazu, uns zum einen oder anderen Extrem zu treiben: Tod oder Fanatismus.

Gordon D. Fee, ein Neutestamentler aus der Pfingstbewegung, sagte einmal über gemeinsamen Gottesdienst:

»*Man sollte dieses unglaubliche Gefühl der Wertlosigkeit haben – ›Ich gehöre eigentlich nicht hierher‹ – gepaart mit dem entgegengesetzten Gefühl tiefer Freude – ›Es ist alles Gnade, deshalb gehöre ich hierher‹. Was mich manchmal innerhalb der Pfingstbewegung und der charismatischen Tradition stört, ist die Freude ohne die gleichzeitige Ehrfurcht vor Gott.*«

Aber in vielen evangelikalen Gemeinden, so fügt Fee hinzu, fände sich »weder Ehrfurcht noch Freude« (zitiert nach: Wendy Murray Zoba, »Father, Son and …«, in: *Christianity Today*, 17. Juni 1996, S. 21).

Die alte Redensart bewahrheitet sich: Wenn man nur das Wort hat, vertrocknet man. Wenn man nur den Geist hat, wird man aufgeblasen. Wenn man aber beides hat, wächst man.

Wir sollten nicht der Furcht vor dem Heiligen Geist erliegen. Vor über 200 Jahren erklärte William Law gerade heraus, dass sich die Kirche zu seiner Zeit

> »*im Zustand derselben Apostasie befand, der das jüdische Volk charakterisierte* […]. *Die Juden lehnten den ab, der der Kern und die Erfüllung all dessen war, was ihr Gesetz und ihre Propheten lehrten. Die christliche Kirche macht sich der Zurückweisung des Heiligen Geistes schuldig*«.

Er sagt weiter, dass im selben Maß, wie die Juden Jesus zurückwiesen und dabei die Schriften zitierten, um ihren Standpunkt zu untermauern, »die Leiter der Kirchen heute das Wirken und die Macht des Heiligen Geistes im Namen der rechten Lehre zurückweisen« (William Law, *The Power of the Spirit*, S. 23).

Was würde er sagen, wenn er heute leben würde?

Ein Schrei nach mehr

Ich möchte damit nicht andeuten, dass im Leben und im Gottesdienst der *Brooklyn Tabernacle*-Gemeinde alles in bester Ordnung ist. Wie ich zu Beginn sagte, gibt es keine perfekten Gemeinden. Ich muss ehrlich zugeben, dass ich fast permanent das Gefühl habe, dass wir versagen. Wenn ich daran denke, was Gott alles für die Nöte in dieser Stadt tun könnte und wie wenig davon zu sehen ist, dann bringt mich das dazu, leidenschaftlich dafür zu beten, dass Gott noch machtvoller eingreift.

Die Christen Nordamerikas sollten den Status quo nicht länger akzeptieren. Sie sollten sich nicht mehr mit kleinen netten Veranstaltungen zufrieden geben, selbst wenn in ihnen die rechte Lehre hundertprozentig garantiert ist.

Stehen wir hinter der Doktrin von der Allgegenwart Gottes zurück, die besagt, dass er überall auf der ganzen Welt zu finden ist, vor allem da, wo »sich zwei oder drei in seinem Namen versammeln«, bis dahin, dass wir ihn nicht ernsthaft bitten und nicht erwarten, ihn hier und jetzt in unserem Leben machtvoll handeln zu sehen? Sollten wir nicht erwarten, ihn ab und zu in Aktion zu erleben? Sollten wir ihn nicht inständig bitten, sich zu zeigen? Mose tat es. Josua tat es. Elia tat es. Elisa tat es. Petrus tat es. Philippus tat es. Paulus tat es.

Sollten wir es nicht auch tun?

Je leidenschaftlicher wir beten, desto machtvoller wird sich auch Gott zeigen. Das Prinzip, das vor langer Zeit formuliert wurde, gilt noch immer: »Ihr werdet mich suchen und werdet mich finden. Denn wenn ihr mich von ganzem Herzen sucht, werde ich mich von euch finden lassen« (Jer 29,13–14).

Teil III

Der Weg nach vorn

Kapitel 10

Zu clever für unseren Gott?

W enn sich die Mitarbeiter unserer Gemeinde mitten in der Hektik der Geschäftigkeit dessen treffen, was man weltlich »Gemeindeerfolg« bezeichnen würde – stattliche Mitgliederzahlen, fast 20 Tochtergemeinden, ein Chor, der auf Veranstaltungen mit Billy Graham singt, Videos, die landesweit vertrieben werden, Einladungen, hier und dort als Redner aufzutreten –, dann meldet sich in einem Winkel unseres Herzens der bohrende Gedanke von Gott: »Denkt daran, wer das alles getan hat. Ihr braucht mich immer noch.«

Egal, wie lange Sie Christ sind, das gilt auch für Sie persönlich. Ihre erste Begeisterung darüber, wie wunderbar es ist, dass Gott Sie von Sünde erlöst hat, ist verblasst. Die Verzweiflung der ersten Tage, als sie nicht wussten, was sie tun sollten (wie ich damals in der Atlantic Avenue), ist einem wachsenden Gefühl von Vertrauen und Sicherheit gewichen. Sie und ich haben eine Menge gelernt, gesehen und gehört, wir haben etwas vorzuweisen und eine große Menge an »Weisheit« angehäuft.

Deshalb befinden wir uns in großer Gefahr.

Wir erkennen, was dies bedeutet, wenn wir uns das Leben eines Mannes namens Asa ansehen. Vielleicht haben Sie schon lange nicht mehr über diesen alttestamentlichen König nachgedacht – vielleicht auch noch nie. Die meisten Leute, die die Bibel lesen, es sei denn, es handelt sich um Geschichtsfans, schalten ab, wenn sie die Lebensberichte der bekannten Könige Saul, David und Salomo hinter sich gebracht haben.

Asa war ein Urenkel Salomos. Gott widmete ihm aus einem bestimmten Grund drei ganze Kapitel im 2. Buch der Chronik. Ich denke manchmal, dass seine Biografie eine der wichtigsten in der ganzen Bibel ist, vor allem für die heutigen Menschen.

Asa wurde nicht zu einem geistlichen Menschen erzogen. Bekanntermaßen wandte sich Salomo gegen Ende seines Lebens von Gott ab. Rehabeam, der nach Salomo kam, und danach Abija, Asas Vater, gewährten dem Götzendienst inmitten einer Gesellschaft Raum, die eigentlich gottesfürchtig sein sollte. Baal war willkommen als Helfer in Erntedingen; Aschera-Pfähle, überdimensionale Skulpturen des männlichen Geschlechtsorgans, die Fruchtbarkeit bringen sollten, waren verbreitet; Kinder wurden dem Moloch als Brandopfer dargebracht.

Wer brachte in diesem geistlichen Klima den jungen Asa dazu, nach Gott zu suchen? Wir wissen es nicht. In 2. Chronik, Kapitel 14, Verse 1 bis 3 wird uns nur berichtet, dass Asa schon früh in seiner Regentschaft

»tat, was gut und recht war und dem Herrn, seinem Gott, gefiel. Er ließ die Altäre und Opferstätten der fremden Götter zerstören, die geweihten Steinmale in Stücke schlagen und die geweihten Pfähle umhauen. Er forderte das Volk von Juda auf, dem Herrn, dem Gott ihrer Vorfahren, zu gehorchen und sein Gesetz mit allen seinen Geboten zu befolgen«.

Im Prinzip sagte Asa: »Schluss jetzt! Unsere Gesellschaft befindet sich in einem fürchterlichen Zustand.

Diese ganzen fremden Altäre und der unmoralische Lebenswandel müssen verschwinden. Wir werden in diesem ganzen Königreich ein »Großreinemachen« veranstalten. Wir werden den Geboten des Herrn gehorchen und ihn aus ganzem Herzen anrufen. Wir brauchen ihn in unserer Nähe, um seinen Segen empfangen zu können.«

Diese Menschen waren Israeliten, Söhne und Töchter Abrahams, und sie lebten in einem speziell für sie ausgewählten Land. Ihr Erbe nahm sie jedoch nicht davon aus, die Folgen ihres Ungehorsams gegenüber Gott zu tragen. Sie konnten sich nicht auf ihren besonderen Status berufen, um davon verschont zu werden. Ihr Sonderstatus führte vielmehr dazu, dass sie Gottes Korrektur schneller zu spüren bekamen als ihre Feinde.

Der erste Schritt bei jeder geistlichen Erweckung ist ein »Großreinemachen«. Wir können in unserem Suchen nach Gott nicht vorankommen, ohne zuerst den angesammelten Müll in unseren Seelen auszuräumen. Wir müssen aufhören, nette Entschuldigungen zu suchen. Wir müssen anfangen, den Schutt der Sünde zu sehen, den wir zuvor nicht bemerkt hatten. Denn dieser Schutt hält den Segen Gottes zurück.

Ich frage mich, ob irgendein Regierungsbeamter damals wohl gesagt hat: »Entschuldige, König Asa, aber dein Vater hat diesen Schrein errichtet ... Dein Großvater hat diesen Opferaltar gebaut. Bist du sicher, dass du sie einreißen lassen willst?«

Wenn jemand diesen Einwand gebracht hätte, hätte Asa ihm geantwortet: »Reiße sie nieder – sofort! Sie sind falsch. Dieser Götzendienst stammt von den Kanaanitern – aber wir sind keine Kanaaniter. Gott wird uns nicht segnen, solange diese Altäre stehen.«

Immer, wenn sich Menschen danach sehnen, Gott wirklich kennen zu lernen, drückt ihnen der Heilige

Geist schnell Kehrschaufel und Besen in die Hand. Ehemänner und Ehefrauen setzen sich endlich mit seit langem vergrabenen Dingen auseinander, die ihre Ehen belasten. Erwachsene nehmen genauer unter die Lupe, womit sie sich in ihrer Freizeit beschäftigen. Gemeindemitglieder sehen auf einmal, welchen Schaden ihr Klatsch und Tratsch, ihre rassistische Haltung, ihre Kritiksucht anrichten.

Ich gebe zu, dass das ziemlich altmodisch klingt. Ich gehöre nicht zu denen, die Menschen dazu ermutigen, Gottes Segen in Anspruch zu nehmen, egal, wie ihr Leben aussieht. Aber was sagt uns die Bibel zu diesem Thema?

Sünde betrübt den Heiligen Geist und behindert seine Macht unter uns. Ohne seinen Segen verpassen wir das, was Gott uns zugedacht hat, ganz egal, welches religiöse Etikett wir vielleicht tragen.

An einem Sonntag vor 20 Jahren, als wir uns noch in den Räumlichkeiten des CVJM trafen, nahmen wir neue Mitglieder in die Gemeinde auf. Dabei sagte ich spontan etwas, das uns seither begleitet hat. Die Leute standen vorne im Saal in einer Reihe vor mir, und als ich sprach, veranlasste mich der Heilige Geist zu sagen: »Und nun spreche ich Ihnen als Pastor dieser Gemeinde das Recht zu, jeden, der in dieser Gemeinde einen anderen kritisiert oder über ihn tratscht – egal, ob ich das bin, ein anderer Pastor, ein Ordner, ein Chormitglied oder wer auch immer –, mitten im Satz zu unterbrechen und zu sagen: ›Entschuldigen Sie – wer hat Sie verletzt? Wer hat Sie ignoriert? Wer hat Sie beleidigt? War es Pastor Cymbala? Dann lassen Sie uns jetzt gleich in sein Büro gehen. Er wird auf die Knie fallen und sich entschuldigen. Dann werden wir gemeinsam beten, damit Gott Ihnen wieder Frieden schenken kann. Aber wir lassen nicht zu, dass Sie kritisch über Menschen sprechen, die nicht anwesend sind und keine Möglichkeit haben, sich zu verteidigen.‹

Liebe neue Mitglieder, mir ist es damit sehr ernst. Ich möchte Sie bitten, dazu beizutragen, solche Dinge sofort zu klären. Und Sie sollen auch wissen: Sollten Sie jemals derjenige sein, der über andere redet, dann werden wir Sie zur Rede stellen.«

Bis heute sage ich jedes Mal, wenn wir neue Mitglieder aufnehmen, in etwa dasselbe. Es ist jedes Mal ein feierlicher Augenblick. Ich sage es immer wieder, weil ich weiß, was Gemeinden sehr leicht zerstören kann. Nicht Kokain. Keine staatlichen Repressionen. Nicht einmal finanzielle Probleme. Sondern Klatsch und üble Nachrede betrüben den Heiligen Geist.

Die Leute nicken und haben verstanden. Die Folge ist, dass sich in unserer Gemeinde Klatsch und Tratsch auf ein Minimum beschränken. Wir müssen natürlich immer mal wieder ein paar Leute konkret ansprechen, aber das allgemeine Bewusstsein dafür, wie wichtig es ist, vor Gott mit einem reinen Herzen zu leben, lässt viele Probleme gar nicht erst entstehen.

Asas erste Jahre waren von einem nationalen »Großreinemachen« gekennzeichnet. Die Folge war, dass Segen Gottes für den König und sein Volk reichlich floss.

Eine große Herausforderung

Leider werden wir von Angriffen von außen nicht verschont, wenn wir den Herrn von ganzem Herzen suchen. Nach zehn Jahren Frieden wurde Asas Ecke der Welt plötzlich aus keinem ersichtlichen Grund von einer kuschitischen (äthiopischen) Armee überfallen. Asas Got-

> Leider werden wir von Angriffen von
> außen nicht verschont, wenn wir den
> Herrn von ganzem Herzen suchen.

tesfurcht garantierte ihm nicht für den Rest seines Lebens ebene Wege.

Für solche Augenblicke haben Menschen, die Gott suchen, einen Vorrat an Glauben aufgebaut, der ihnen hilft, neuen Problemen zu begegnen. Sie wussten genau, was zu tun war:

> »Asa rief zum Herrn, seinem Gott: ›Herr, wenn ein Schwacher mit einem Starken kämpfen muß, kann niemand ihm so beistehen wie du. Hilf uns, Herr, unser Gott, denn wir verlassen uns ganz auf dich! Im Vertrauen auf dich sind wir doch gegen diese Übermacht angetreten. Du, Herr, bist unser Gott! Gegen dich kann kein Mensch etwas ausrichten!‹« (2 Chr 14,10).

Asas Glaube bestand nicht aus irgendeiner Fertigbackmischung, die in der Speisekammer stand und schnell aus einer Packung zusammengerührt wurde. Er und sein Volk riefen schon seit einem Jahrzehnt zu Gott. Deshalb gerieten sie nicht in Panik. Sie riefen Gott an, dass er eingreifen würde – und er erhörte sie. Die Kuschiter wurden trotz ihrer Übermacht vernichtend geschlagen, »denn der Herr hatte einen gewaltigen Schrecken über die Bewohner kommen lassen« (Vers 13).

Das ist ein klassisches Beispiel für eines der grundlegenden Prinzipen, die Gottes Umgang mit den Menschen kennzeichnen. Es wird am treffendsten im Hebräer-Brief, Kapitel 11, Vers 6 ausgedrückt: »Wer zu Gott kommen will, muß ja fest damit rechnen, daß es ihn gibt und daß er die Menschen belohnt, die ihn suchen.«

Ich kann es nicht ausdrücklich genug sagen: Wenn wir Gott suchen, wird er uns belohnen. Aber wenn wir aufhören, ihn zu suchen, dann ist alles wieder offen, egal, wer wir sind. Dann spielt es keine Rolle, wie viel Talent wir haben, wie viele Diplome an unseren Wänden hängen, welche prophetischen Worte über uns ausgesprochen wurden etc.

Als sich Asa auf dem Heimweg von der Schlacht befand, hielt ein Prophet ihn und seine Armee unterwegs an und bestätigte, was gerade geschehen war:

> »Hört mir zu, König Asa und alle Leute von Juda und Benjamin! Der Herr hält zu euch, solange ihr euch zu ihm haltet. Wenn ihr seine Nähe sucht, wird er sich von euch finden lassen. Wenn ihr euch aber von ihm abwendet, wird auch er sich von euch abwenden« (2 Chr 15,2).

Klarer kann man das Prinzip von Ursache und Wirkung nicht formulieren.

Je mehr wir Gott suchen, desto stärker nehmen wir unser *Bedürfnis* wahr, ihn zu suchen. Asa, der durch diese Erfahrung neuen Auftrieb erhalten hatte, begann, sich umzuschauen – und entdeckte Dinge, die ihm zuvor entgangen waren. Der Altar im Tempel Gottes war zusammengebrochen; er ordnete sofort an, ihn zu reparieren. Er berief eine feierliche Versammlung des ganzen Volkes ein, bei der er einen neuen Bund mit Gott schloss.

Später war er schockiert, als er herausfand, dass seine eigene Großmutter Maacha immer noch ein »verabscheuenswürdiges Götzenbild der Göttin Aschera« besaß (2 Chr 15,16). Er ließ das Götzenbild niederreißen und vertrieb die ältere Frau aus ihrer Stellung als Königinmutter. Asa hatte tatsächlich den Mut, seine eigene Großmutter zu verstoßen. Die Bewohner des Landes waren sich einig: »Diesem König ist es wirklich ernst damit, Gott zu gefallen.«

Denken Sie an die gesellschaftlichen Gepflogenheiten, denen er sich widersetzte. Denken Sie an die emotionalen Bindungen, die er durchtrennen musste. Sein ganzes Gefühl von Familienzusammenhalt stand im Widerspruch zu Gottes Willen. Aber Asa war eben mehr als nur »Maachas Enkel«.

Ich sehe heute viele Kirchgänger, die sich nicht dem Druck der Familie aussetzen wollen. Andere sind darin gefangen, Teil der Mittelklasse oder weiß oder schwarz zu sein. Aber Gott hat mich nicht dazu berufen, ein weißer Mittelklasse-Christ zu sein. Er hat mich dazu berufen, Christ zu sein. Punkt. Und egal, was er von mir verlangt, es hat Vorrang vor allem anderen.

Selbst ein Amerikaner zu sein hat nicht dieselbe Bedeutung wie ein Mensch zu sein, der Gott sucht. Was immer Gott gut heißt, kommt an erster Stelle. Was seinem Wesen widerspricht, muss weichen.

Asa erkannte, wer seine Loyalität an erster Stelle verdiente. Nicht seine Großmutter, seine Kultur, seine Tradition oder irgendetwas anderes. Nur Gott alleine. Was für ein wundervolles Beispiel für einen Menschen, der Gott in seinem Leben an die erste Stelle gesetzt hat!

Der Fehler

Ich gäbe alles darum, wenn Asas Geschichte so enden würde, wie sie begonnen hat. Aber leider tut sie es nicht.

25 Jahre vergingen. Irgendwann unterwegs – wie es in vielen Gemeinden, bei vielen Pastoren, Chorleitern und in ganzen Denominationen geschieht – spürte Asa kein Bedürfnis mehr danach, Gott zu suchen. Wir wissen nicht, warum. Wir wissen nicht, ob die Sorgen des Lebens ihn geistlich verweichlichen ließen. Vielleicht dachte er auch, er hätte einen geistlichen Höhepunkt erreicht und könnte sich nun entspannt zurücklehnen. Aber die Bibel lehrt, dass wir uns entweder immer weiter auf Gott zubewegen oder von ihm abfallen. Es gibt kein Ausruhen.

Eines Tages bekam Asa die Nachricht, dass eine relativ kleine Armee seines Nachbarn im Norden eine Blockade um sein Territorium errichtete (vgl. 2 Chronik 16). Der Gegner hatte nicht annähernd die Größe des kuschitischen Heeres, das sein Land ein Vierteljahrhundert zuvor bedroht hatte. Was würde Asa nun tun? Wie würde er reagieren?

»Da schickte König Asa Boten nach Damaskus zu Ben-Hadad, dem König von Syrien. Er gab den Boten alles Silber und Gold mit, das in den königlichen Schatzkammern und in den Schatzkammern des Tempels noch übrig war, und ließ dem Syrerkönig sagen: ›Ich möchte ein Bündnis mit dir schließen‹« (Verse 2–3).

Das war nun mehr als seltsam. Der Mann, der den bisherigen Erfolg im Leben auf seiner Beziehung zu Gott gegründet hatte, griff nun in Gottes Schatzkammern, um mit dem Feind zu handeln.

Und der König von Syrien war bereit, sich kaufen zu lassen. Er schickte seine Armee aus, um Druck auf Asas Feinde auszuüben, die sehr rasch davon Abstand nahmen, Jerusalem anzugreifen. Asa konnte sogar noch ein paar Baumaterialien ergattern, die sie zurückließen.

Mit anderen Worten: Der Plan »funktionierte«.

Asa war vermutlich sehr stolz auf sich. »Ich habe meinen Verstand gebraucht und eine Lösung gefunden. Ich bin schlau.« Das Volk erkannte, dass es einen klugen Leiter hatte.

Viele Gemeinden gehen von derselben Annahme aus. Was »funktioniert«, ist richtig. Wenn das Haus mit Hilfe einer bestimmten Technik voll wird und die Rechnungen bezahlt werden können, dann muss darauf der Segen Gottes liegen. Sichtbare Ergebnisse sind ein Beweis dafür, dass der Himmel eine bestimmte Strategie befürwortet. Diese Haltung wird für ein jähes Erwachen sorgen, wenn wir einmal vor Gott stehen.

Während sich Asas Höflinge noch für das eben bestandene brillante Manöver beglückwünschten, kam ein anderer Prophet namens Hanani herein. Er begann zu sprechen und die Gesichter wurden plötzlich lang.

»Du hast beim König von Syrien Hilfe gesucht statt beim Herrn, deinem Gott. Damit hast du dich um die Möglichkeit gebracht, auch noch die Syrer zu besiegen« (Vers 7)! Mit anderen Worten: Asa würde in der Zukunft keine Möglichkeit haben, sich Syrien zu widersetzen. Er war daran gebunden, mit diesem heidnischen Reich zu kooperieren. Gottes Botschafter fuhr fort:

»Hatten die Äthiopier und die Libyer nicht auch ein gewaltiges Heer mit einer großen Zahl von Streitwagen und Wagenkämpfern? Damals hast du dich auf den Herrn verlassen, und darum gab er sie in deine Hand. Der Herr behält die ganze Erde im Auge, damit er denen beistehen kann, die ihm mit ungeteiltem Herzen vertrauen. Du hast dich diesmal verhalten

196

wie jemand, der keine Einsicht hat. Von jetzt ab wirst du ständig Krieg haben« (Vers 8–9).

Auch heute wandern Gottes Augen über Amerika, Kanada, Mexiko, die Welt … Sie suchen nach jemandem – irgendjemandem –, der Gott voller Leidenschaft und aus ganzem Herzen sucht, der entschlossen ist, Gott mit seinem ganzen Denken und Handeln zu gefallen. Für einen solchen Menschen oder eine solche Gruppe von Menschen wird Gott sich als mächtig erweisen. Seine Macht wird zu ihren Gunsten regelrecht explodieren.

Ein Tag nach dem anderen vergeht und Gott schaut und schaut … Möchte ihn nicht jemand um seinen Segen bitten? Über wen kann er seine Gnade ausschütten? Ist denn niemand daran interessiert?

Je weniger wir nach Gott Ausschau halten, desto stärker muss er nach uns schauen. Warum sollten wir also nicht in seine Richtung laufen? Als Jesus in Jerusalem zur Menge im Tempel sprach, sagte er: »Wer durstig ist, soll zu mir kommen und trinken – jeder, der mir vertraut! Denn in den Heiligen Schriften heißt es: ›Aus seinem Innern wird lebendiges Wasser strömen‹« (Joh 7,37).

Wenn wir uns auf den Kanal der lebendigen Gnade Gottes ausrichten, ereignen sich wunderbare Dinge. Seine Macht gibt uns die Kraft, uns jeder Armee entgegenzustellen, egal, wie groß oder klein sie ist, und Siege für ihn zu erringen. Wir rufen ihn an, und er sendet uns aus, das zu tun, was wir alleine niemals schaffen könnten, ganz unabhängig von unseren finanziellen Mitteln, unserer Bildung oder allem, was wir vorzuweisen haben.

Hart bis zum Ende

Ich wünschte, ich könnte Ihnen nun berichten, dass Asa auf die Knie fiel und Gott um Vergebung dafür bat, dass er vom Weg abgekommen und seine eigene politische Lösung gesucht hatte. Ich wünschte, ich könnte sagen, dass Asas Herz durch sein Schuldbekenntnis zur Umkehr bewegt wurde und der König in der Folge wieder zu dem leidenschaftlichen Glauben seiner Jugend zurückfand.

Aber genau das Gegenteil passierte: »Da wurde Asa so wütend auf den Propheten, daß er ihn ins Gefängnis werfen ließ. Er fing damals auch an, einige aus dem Volk zu mißhandeln« (2 Chr 16,10).

Der junge König, der einst ein ganzes Volk dazu gebracht hatte, die Beziehung zu Gott wieder ins Reine zu bringen, wurde nun zum kaltherzigen Unterdrücker dieses Volkes. Asas Geschichte zeigt, wie Menschen, die aufhören, Gott zu suchen, dazu neigen, barsch und arrogant zu werden. Sie glauben, alles besser zu wissen. Der Tadel eines Propheten ärgert sie.

Vergleichen Sie Asa mit seinem Urgroßvater David, der in seinen späteren Jahren ebenfalls Fehler beging. Davids Fehler waren in der Tat noch gravierender: Ein One-Night-Stand mit einer verheirateten Frau, danach der Mord an ihrem Ehemann und später eine unkluge Volkszählung. Aber als er von Propheten getadelt wurde –

Auch Menschen, die Gott suchen, machen noch Fehler. Aber ihre Reaktion auf Tadel und Korrektur zeigt den Zustand ihres Herzens.

in einem Fall von Nathan, im anderen von Gad –, brach David zusammen. »Herr, ich habe ein großes Unrecht begangen«, bekannte er (2 Sam 24,10). Psalm 51 ist ein eloquentes, emotionales Schuldeingeständnis vor dem Herrn. Kein Wunder, dass er »ein Mann nach dem Herzen Gottes« genannt wurde.

Auch Menschen mit einem Herzen, das Gott sucht, machen noch Fehler. Aber ihre Reaktion auf Tadel und Korrektur zeigt den Zustand ihres Herzens. Daran erweist sich, was Gott mit ihnen in der Zukunft anfangen kann.

Wer weiß, wie Asas Leben geendet hätte, wenn er wie David vor Gott seine Schuld eingestanden hätte? Aber er kehrte nicht um, und das abschließende Bild, das wir von Asa haben, ist ausgesprochen Mitleid erregend. Als alter Mann bekam er eine schmerzhafte Krankheit, die ihm Probleme mit den Füßen verursachte, vermutlich Gicht. Er humpelte durch seinen Palast, wobei sich sein Gesicht bei jedem Schritt zu einer Grimasse verzog. »Obwohl die Krankheit sehr ernst wurde, suchte er auch damals seine Hilfe nicht beim Herrn, sondern bei den Ärzten. In seinem 41. Regierungsjahr starb Asa« (2 Chr 16,12–13).

Wie Asa leidet auch das Christentum in unserer Zeit an einer schweren Krankheit. Unsere Vitalfunktionen sind nicht gut. Wir stehen vor einer Entscheidung. Wir können entweder hart bleiben und unsere Abtrünnigkeit rechtfertigen, indem wir sagen: »Sagen Sie mitr bloß nicht, dass mein geistliches Leben Korrektur braucht. Ich komme schon zurecht; es ›funktioniert‹ doch alles, oder nicht? Lassen Sie mich in Ruhe.« Oder wir können uns wie David die Wahrheit eingestehen.

Alles und jedes ist mit Gott möglich, wenn wir zu ihm mit einem zerbrochenen Geist kommen. Wir müssen uns demütigen, den »Müll« in unserem Leben loswerden und uns auf Gott und nicht auf unseren eigenen Verstand stützen. Ihre und meine Zukunft hängt von diesem einen Punkt ab: dass wir Gott suchen. Der Segen, den wir empfangen und dann an andere weitergeben, hängt alleine von dieser Wahrheit ab: »Er belohnt die Menschen, die ihn suchen« (Hebr 11,6).

Kapitel 11

Auf der Suche nach
gewöhnlichen Helden

E s wird der Tag kommen, an dem wir das sehen,
was wir glauben, und dann – erst dann – ist unsere Suche nach Gott zu einem Ende gekommen.
Dann werden wir uns im Himmel wiederfinden, und
dem Einen Auge in Auge gegenüberstehen, dem wir so
lange vertraut haben und gefolgt sind. Seine Gegenwart
wird das Großartigste im Himmel sein, und nicht Straßen aus Gold oder Mauern aus Jaspis, sondern Gott allein in seinem Glanz. Wir werden ihn kennen, so wir er
uns von Anfang an kannte.

Und was für eine Freude wird es sein, diesen ganzen
Glaubenshelden zu begegnen, den Männern und Frauen,
die die Seiten der Bibel füllen! Ich kann es kaum erwarten, den Apostel Paulus zu begrüßen, der so große Teile
des Neuen Testamentes verfasst und dessen Leben so
viele Christen inspiriert hat. Ich sehne mich danach, mit
Mose zu sprechen, der das Volk Israel aus Ägypten geführt und so große Heldentaten für Gott vollbracht hat.
Dann werde ich Abraham begegnen, Deborah, Josua,
Ruth, David, Helez, Sebbechai, Ahiam, Hezro, Sabad ...
Wer??? Bin ich jetzt vom Thema abgekommen? Sie sagen, Sie kennen die letzten Namen nicht?

Sie sind in 1. Chronik, Kapitel 11 aufgeführt und gehören zu einer Gruppe von erstaunlichen Kämpfern, die
bekannt wurden als Davids »Helden«. Der Heilige Geist

hielt sie für beeindruckend genug, um jeden Einzelnen namentlich aufzählen zu lassen, denn: »Gemeinsam mit dem ganzen Volk hatten sie ihn zum König über Israel gemacht, wie es vom Herrn angeordnet worden war« (Vers 10).

Solche Menschen sind für uns heute Vorbilder – auch wenn wir ihre Namen nicht richtig aussprechen können. Manche Namen sind auch ein bisschen seltsam, das gebe ich offen zu: »Elhanan, der Sohn von Dodo« (Vers 26). Ich nehme an, dass die hebräische Bedeutung des Namens seines Vaters nicht der englischen Bedeutung (Trottel) entspricht! Wenn heute auch einige junge Eltern ihren Söhnen alttestamentliche Namen wie Seth oder Kaleb geben, zweifle ich doch sehr, dass es je ein Comeback für die Namen aus dieser Liste geben wird: Ithai, Hepher, Mibhar, Usija …

Und doch sind dies Menschen, die ihre Kraft und ihren Mut für das einsetzten, was Gott verheißen hatte. Es reichte ihnen nicht aus, dass der Prophet Samuel David als designierten König gesalbt hatte, als dieser noch ein Teenager war. Kürzlich hatten sich die Ältesten Israels zwar in Hebron getroffen und David zum neuen König bestimmt. Aber draußen in den Dörfern und vor allem in den Gebieten an den Landesgrenzen war noch nicht jeder davon überzeugt. Die Rolle von Gottes König musste noch gefestigt werden. Es lebten immer noch Feinde innerhalb des Landes, das Gott seinem Volk versprochen hatte.

Diese Helden lehnten sich nicht einfach zurück, wie es heute viele tun, und sagten: »Nun, Gott hat es verheißen, und ich bin sicher, dass er sein Wort halten wird.« Sie standen auf und traten in Aktion, um die Verheißung Realität werden zu lassen. Sie erkannten, dass Gottes Wirken in der Welt normalerweise ein Gemeinschaftsprojekt ist; er arbeitet mit uns zusammen, wenn wir dazu bereit sind, mit ihm zusammenzuarbeiten.

Deshalb setzten diese Männer ihr Leben aufs Spiel. Sie verließen ihre Familien und begaben sich auf gefährliches Terrain. Die Bibel verwendet ein spezielles Wort, um dies zu beschreiben: »große Taten« (Verse 19, 22, 24).

Ganz ähnlich wird auch heute das Evangelium von Jesus Christus in feindlich eingestellten Städten, Gebieten und Nationen verbreitet, nur durch den Einsatz von starken Männern und Frauen, die das Risiko nicht scheuen. Apathische Gemeinden im ganzen Land werden nur durch Menschen mit einer tiefen Spiritualität wieder zum Leben erweckt werden, die sich weigern, den Status quo zu akzeptieren. Die Hand Gottes wird schwierige Kinder und zerbrochene Ehen nur anrühren, wenn jemand in den Rist tritt und mutig mit der Kraft kämpft, die ihm der Geist gibt.

Zu den starken Kämpfern, die ich kennen darf, zählt Delores Bonner, eine Afroamerikanerin, die alleine in Bedford-Stuyvesant, einem der schlimmsten Viertel von Brooklyn, lebt. Sie arbeitet seit über 30 Jahren als MTA im *Maimonides Hospital*. Carol und ich lernten sie einmal zur Weihnachtszeit kennen, als wir ein paar armen Kindern aus unserer Gemeinde Geschenke brachten.

Delores' Wohnung war an diesem Tag überfüllt – aber die Kinder waren nicht ihre Kinder. Sie hatte sie aus einem Heim in der Nähe geholt, damit sie uns begegnen sollten. Ihre leibliche Mutter war mit ihren eigenen Problemen zu beschäftigt, um selbst bei einer Gelegenheit wie dieser anwesend zu sein.

»Wie haben Sie diese Kinder kennen gelernt?«, fragte ich sie.

Sie murmelte bescheiden etwas, das eigentlich keine richtige Antwort auf meine Frage war. Erst von anderen erfuhr ich, dass sie gleich, nachdem sie zum Glauben gekommen war, bei einer Gebetsversammlung im Jahr 1982 ein Herz für die Kinder auf den Straßen und in den Drogenhäusern bekam. Gott rührte ihr Herz an, und sie fing an, die Kinder mit in die Sonntagsschule zu nehmen. Am Anfang packte sie die Kinder in Taxis; später erfuhr jemand, was sie machte, und kaufte ihr ein Auto. Inzwischen besitzt sie einen Kleinbus, mit dem sie mehr Kinder und Teenager transportieren und ihnen ermöglichen kann, das Evangelium zu hören.

Das ist aber nur ein kleiner Teil von Delores' Geschichte. Sonntags ist sie zwischen den Gottesdiensten dafür verantwortlich, das Team zu beaufsichtigen, das den Gottesdienstraum für den nachfolgenden Gottesdienst vorbereitet. Samstags ist sie mit dem Evangelisationsteam unterwegs, um Gottes Liebe weiterzutragen. Unter der Woche findet man sie auf den Knien, wenn sie als Teil des Gebetsteams für die Anliegen anderer Menschen in der Fürbitte eintritt. Das machte sie auch bei einem Einsatz in Peru, als sie zusammen mit anderen für mich betete, während ich bei einer Open-Air-Veranstaltung predigte.

Als wir Delores in der *Brooklyn Tabernacle*-Gemeinde als »Frau des Jahres« ehrten, war sie sehr verlegen und sagte nur wenig. Aber die ganze Gemeinde weiß, dass mitten unter uns eine starke Frau Gottes lebt, die viel verändert hat.

Delores ist eine Frau mit einer stillen Entschlossenheit, wie sie sich auch in 1. Chronik, Kapitel 12, Vers 19 findet, wo es heißt:

»Da ergriff ein Geist Amasai, das Haupt der Dreißig, so daß er ausrief: Dir, David, gehören wir. Zu dir, Sohn Isais, stehen wir. Heil, Heil [oder ›Erfolg‹,

›Friede und Reichtum‹] sei dir, Heil deinem Helfer;
denn dir hilft dein Gott.«

Auch hier zeigt sich wieder eindeutig das Zusammen-
spiel göttlicher und menschlicher Bemühungen.

Komischerweise waren zwei Personen aus Davids
Liste nicht einmal Juden. Es war ihnen nicht erlaubt, an
der Bundeslade anzubeten. Zelek der Ammoniter (Vers
39) und Jitma der Moabiter (Vers 46) hatten definitiv die
»falsche« Nationalität. Ihre Landsleute überfielen die
Israeliten ständig und versuchten, sie zum Götzendienst
zu verleiten. Doch Zelek und Jitma wurden schließlich
geehrt, weil sie für den König Gottes kämpften und ihr
Leben riskierten.

Sie alle waren gewöhnliche Menschen, die für Gott
ungewöhnliche Dinge taten. Sie erinnern uns in diesem
Sinne an die »ungebildeten, gewöhnlichen« Menschen
in Apostelgeschichte, Kapitel 4, Vers 13, mit denen wir
uns schon ausführlich beschäftigt haben. Davids 30 starke Krieger waren nicht von königlicher Abstammung.
Sie waren keine Absolventen von Eliteeinrichtungen.
Sie waren ganz normale Menschen aus kleinen Orten –
Anathot, Tekoa, Gibea –, die ihr Herz daran setzten, große Taten für den Gesalbten Gottes zu vollbringen.

Was wir heute brauchen, sind nicht Christen, die
großartige Worte machen und über die Probleme der
Welt, über säkularen Humanismus, New Age oder was
auch immer schimpfen. Wir brauchen Männer und Frau-
en, die aktiv werden und sich gegen das Abgleiten in
Gottlosigkeit, gegen mangelndes Gebet in unseren Gemeinden, auseinander brechende Familien und das Nachlassen evangelistischer Leidenschaft wenden. Vielleicht
haben sie nie ein Seminar besucht, aber sie sind von Gott
in der geistlichen Kampfführung ausgebildet worden.

Der entscheidende Augenblick

Die erste Person auf Davids Liste, Jaschobam »schwang seine Lanze über dreihundert Männer und erschlug sie alle auf einmal« (1 Chr 11,11). Das klingt unwahrscheinlich. Und das ist auch wahr: Er konnte unmöglich so viele Männer *ohne* die alles überschattende Gegenwart und Macht Gottes erschlagen. Menschliche Tapferkeit alleine reicht nicht aus, wenn es 300 gegen 1 steht.

Wenn es um geistliche Dinge geht, werden Sie und ich nie unser Potenzial erkennen, solange wir nicht losgehen und das Risiko auf uns nehmen, das es mit sich bringt, an vorderster Front zu kämpfen. Wir werden nie sehen, welche Macht und Salbung möglich sind, solange wir uns nicht mit dem König verbünden und in seinem Namen ausziehen, um sein Reich aufzubauen. Wenn wir nur sicher in unseren Bibelstunden zusammensitzen oder uns über den schrecklichen Zustand der heutigen Gesellschaft beschweren, wird Gottes Macht nicht entfesselt. Er begegnet uns im Augenblick der Schlacht. Er gibt uns dann Kraft und Energie, wenn ein Feind zurückzuschlagen ist.

In den Versen 12 bis 14 begegnen wir Eleasar, der David in eine große Schlacht gegen die Philister begleitete. Wir bekommen eine Vorstellung davon, wie gewaltig der Feind war, wenn wir lesen: »Dort war ein Gerstenfeld. Als das Volk vor den Philistern floh …« Das war kein kleineres Gefecht; das war ein gigantischer Kampf gegen einen überlegenen Gegner. Viele erschrockene israelische Soldaten sahen den Feind heranrücken und liefen um ihr Leben.

Nicht aber Eleasar. Er stellte sich »mitten in das Feld, behauptete es und schlug die Philister. So verlieh ihm der Herr einen großen Sieg«. Auch hier sehen wir wieder die Kombination aus göttlichen und menschlichen Anstrengungen. Gott handelte nicht alleine. Er ließ kein Gewitter los, um die Philister zu erschrecken. Stattdessen schaute er an diesem Tag über den Horizont, um zu sehen, wer im Weizenfeld stehen blieb und seine übernatürliche Hilfe verliehen bekam. Während die anderen vor Angst davonliefen, blieben diese beiden Männer – David und Eleasar – unerschütterlich.

Der Bericht in 2. Samuel, Kapitel 23, Vers 10 liefert weitere Details über Eleasar. »Eleasar aber hielt stand. Er räumte unter den Philistern auf, bis sein Arm erlahmte und die Hand sich um den Schwertgriff zusammenkrampfte.« Er schwang seine Waffe mit so viel Elan, war so voller Adrenalin, dass seine Muskeln ihn mit seiner Waffe verbanden; er konnte nicht mehr aufhören. Was für ein starker Kämpfer für Gott!

Der Zustand dieser Welt schreit heute regelrecht nach einem solchen entschlossenen und verzweifelten Glauben, der das »Schwert des Geistes« packt (das Wort Gottes) und es nicht mehr loslässt, bis der Sieg errungen ist.

Eleasar erinnert mich an den wenig bekannten Partner des großen Evangelisten Charles Finney während der zweiten großen Erweckung. Sein Name war Daniel Nash und es gibt von ihm nur einen glanzlosen Bericht über seine Zeit als Pastor im Norden des Bundesstaates New York. Als er 48 Jahre alt war, beschloss er, sich völlig in das Gebet für Finneys Veranstaltungen zu investieren.

»Vater Nash«, wie ihn einige nannten, kam drei oder vier Wochen vor Finneys Ankunft unauffällig in eine Stadt, mietete sich ein Zimmer, fand zwei oder drei Christen, die dasselbe Anliegen hatten, und begann mit ihnen zusammen, Gott anzurufen. In einer Stadt war das

Beste, was er finden konnte, ein dunkler und feuchter Keller; dieser wurde zu seinem Fürbittezentrum.

Über einen anderen Ort berichtet Finney:

»Als ich in die Stadt kam, um eine Erweckung in Gang zu setzen, nahm eine Frau Kontakt zu mir auf, die eine Pension führte. Sie sagte: ›Bruder Finney, kennen Sie einen Vater Nash? Er und zwei andere Männer sind inzwischen seit drei Tagen in meiner Pension, aber sie haben seitdem noch keinen Bissen gegessen. Ich öffnete die Tür und spähte ins Zimmer, weil ich sie stöhnen hörte, und ich sah sie auf dem Gesicht auf dem Boden liegen. So geht es seit drei Tagen, sie liegen mit dem Gesicht nach unten auf dem Boden und stöhnen. Ich dachte, dass etwas Schreckliches mit ihnen passiert sein musste. Ich hatte Angst hineinzugehen und wusste nicht, was ich tun sollte. Würden Sie bitte kommen und nach ihnen sehen?‹*

›Nein, das ist nicht nötig‹, erwiderte ich. ›Sie sind nur mit dem Heiligen Geist erfüllt und ringen im Gebet‹« (zitiert nach: Paul Reno, *Daniel Nash: Prevailing Prince of Prayer,* Asheville, NC, Revival Literature, 1989, S. 8).

Wenn die öffentlichen Veranstaltungen begannen, nahm Nash meist nicht daran teil. Er betete im Verborgenen weiter dafür, dass der Heilige Geist Menschen ihre Sünde vor Augen führte und sie zur Umkehr bewegte. Wenn Widerstände auftraten – wie es in den 20er Jahren des 19. Jahrhunderts oft der Fall war –, berichtete Finney ihm davon, und Nash betete umso stärker.

Einmal gab eine Gruppe junger Männer öffentlich bekannt, dass sie die Veranstaltungen stören wollten.

Nachdem Nash gebetet hatte, kam er aus dem Schatten heraus und stellte sie zur Rede: »Hört her! Gott wird eure Reihen innerhalb einer Woche aufbrechen. Entweder indem sich einige von euch bekehren oder indem er einige von euch in die Hölle schickt. Er wird dies so sicher tun, wie er der Herr, mein Gott, ist!«

Finney gibt zu, dass er in diesem Augenblick dachte, sein Freund sei zu weit gegangen. Aber am nächsten Dienstagvormittag tauchte plötzlich der Anführer der Gruppe auf. Er brach vor Finney zusammen, bekannte seine Sünden und vertraute sein Leben Christus an.

»Was soll ich jetzt tun, Mr. Finney?«, fragte er anschließend. Der Evangelist schickte ihn zurück, um seinen Freunden von dem zu berichten, was sein Leben verändert hatte. Bevor die Woche zu Ende war, »hofften fast alle, wenn nicht alle aus dieser Gruppe junger Männer auf Christus« berichtet Finney.[1]

1826 verbrannte eine Menschenmenge in einer Stadt Puppen, die Finney und Nash darstellten. Diese ungläubigen Menschen erkannten, dass jeder dieser beiden Männer eine Bedrohung für ihre Gottlosigkeit darstellte.

Kurz bevor Nash im Winter 1831 starb, schrieb er in einem Brief:

>*Ich bin nun überzeugt, dass es meine Pflicht und mein Vorrecht ist, und die Pflicht jedes anderen Christen, darum zu beten, dass der Heilige Geist im selben Maß wie am Pfingsttag herabkommt, und in noch größerem Maß [...]. Mein Körper ist in Schmerzen, aber ich bin glücklich in meinem Gott [...]. Ich habe erst jetzt angefangen zu verstehen, was Jesus meinte, als er sagte: ›Alles, was ihr im Gebet erbittet, sollt ihr erhalten, wenn ihr nur glaubt‹«* (Reno, *Daniel Nash*, a. a. O., S. 160).

Vier Monate nach Nashs Tod gab Finney seine Reisetätigkeit auf und wurde Pastor einer Gemeinde in New York. Sein Partner, mit dem er die Pforten der Hölle aufgebrochen hatte, war gestorben. Wenn Sie Vater Nashs Grab heute sehen wollen, müssen Sie ganz in den Norden des Bundesstaates New York fahren, fast bis an die kanadische Grenze. Auf einem vernachlässigten Friedhof an einer unbefestigten Straße finden Sie einen Grabstein, der für sich spricht:

Daniel Nash
Mitstreiter von Finney, stark im Gebet
17.11.1775–20.12.1831

Daniel Nash gehörte nicht zur Elite seiner Zeit. Sie hätte diesen demütigen Mann keiner Erwähnung wert befunden, weil er auf einer völlig anderen Ebene lebte. Aber Sie können sicher sein, dass er sowohl im Himmel als auch in der Hölle sehr wohl bekannt war.

Die Bibel berichtet von einem anderen Daniel, dessen Hingabe bei Gott einen tiefen Eindruck hinterließ. »Sogleich griff eine Hand nach mir und zog mich hoch, so daß ich mich auf die Knie aufrichten und mit den Händen aufstützen konnte. Der Mann sagte zu mir: ›Gott liebt dich, Daniel‹« (Dan 10,10-11). Stellen Sie sich das vor: vom Himmel selbst anerkannt!

So ist es bei allen starken Männern und Frauen Gottes. Sie sind berühmt im Himmel; sie gewinnen Siegeskronen, die alle Reichtümer der Erde wie billigen Tand aussehen lassen. Sie mögen auf der Erde im Verborgenen Zeugnis geben, lehren, leiten und beten, aber sie sind Tagesgespräch im Himmel.

In jedem Jahrhundert, auf jedem Kontinent bringen solche Streiter das Reich Gottes voran. Sie verzichten auf die Annehmlichkeiten, die das Leben zu bieten hat, und vollbringen große Taten in der geistlichen Wirklichkeit. Ob sie auf der Erde berühmt werden oder nicht, steht nicht zur Diskussion. Sie sind trotzdem Helden und Heldinnen.

Wer? Wir?

Die Liste von Davids starken Kriegern aus 1. Chronik, Kapitel 11 stellt uns in Vers 22 Benaja vor, zu dessen großen Taten unter anderem der Sieg über zwei von Moabs besten Männern zählt. Außerdem erschlug er einen Löwen in einer zugeschneiten, glatten Grube. Am erstaunlichsten aber ist wohl, dass er es mit einem Ägypter aufnahm, der groß genug war, um auf der *Center*-Position der *Chicago Bulls* zu spielen. Dieser zweieinhalb Meter große Riese schwang einen Speer mit einem Schaft, der so stabil war wie ein Bleirohr, wohingegen Benaja nur einen hölzernen Stock hatte.

Doch trotzdem »ging er auf den Ägypter los, riß ihm den Speer aus der Hand und durchbohrte ihn damit. Durch solche Taten wurde auch Benaja als einer jener drei berühmt. Er war angesehener als die ›Dreißig Helden‹« (Verse 23–25).

Damals verschaffte kein Doktortitel einem Menschen Ansehen. Auch nicht notwendigerweise Geld, Einfluss oder Medienwirksamkeit. Ansehen erwarb derjenige, der große Taten für den König vollbrachte.

Wer übernimmt diese Rolle heute? Wo wird der Feind zurückgeschlagen? Danach sehnen sich alle geistlich ausgerichteten Menschen. Sie lassen sich nicht von ausgeklügelten Predigten oder professionellen Techniken beeindrucken. Wo sind die starken Männer und

Frauen, die von Gott gesalbt sind und wirklich etwas bewirken können?

Ich denke, ich kenne zumindest eine Frau, die zu diesen starken Menschen Gottes zählt. Rina Gatdula, eine Philippinin, ist für Carol und mich wie eine Schwester. Gott schickte sie in den Anfangstagen der *Brooklyn Tabernacle*-Gemeinde mit einem kühnen Geist zu uns, der sich als ungeheurer Segen erwies. Wenn unsere Ordner von betrunkenen oder feindseligen Menschen eingeschüchtert wurden, trat Rina ihnen mit einer großen Furchtlosigkeit gegenüber, die der Heilige Geist ihr schenkte.

Sie war zwar als öffentliche Rednerin nicht besonders begabt, aber sie übernahm den Dienst des Gebets und der Fürbitte, der uns durch unzählige Kämpfe hindurchtrug. Egal, ob es um ein größeres Gebäude oder um die Umkehr eines abtrünnig Gewordenen geht – sie hat den Geist Benajas. Sie betet unablässig für alle, die zum Altar kommen und Hilfe suchen. Sie beherrscht die hohe Kunst, Dinge mit Menschen »durchzubeten«; viele haben Erlösung in Christus gefunden, weil sie mit ihnen gemeinsam am Thron der Gnade stand.

Als sie in einen anderen Teil des Landes zog, erwies sich ihre Beharrlichkeit als so groß, dass die Gemeinden dort nicht wussten, was sie mit ihr machen sollten. Sie erkannten ihre Gaben nicht; sie sahen nur, dass ihr Englisch schlecht und sie nicht sehr gebildet war. Folglich waren sie nicht offen für ihren Dienst.

Heute reist Rina zwischen den Gemeinden hin und her, die die *Brooklyn Tabernacle*-Gemeinde sowohl in Amerika als auch in Übersee gegründet hat. Sie erinnert sie daran, welche großen Dinge sie durch Gott vollbringen können. Sie scheint immer einen Geist des Gebets zu entfachen. Egal, ob in Harlem, San Francisco oder

Lima/Peru – sie ist ein lebendes Beispiel für eine Glaubensheldin.

Überlegen Sie, wie viele Gemeinden es in den 50 amerikanischen Bundesstaaten gibt, in denen das Evangelium verkündet wird – 200 000, wenn nicht sogar mehr. Wenn jede dieser Gemeinden im Durchschnitt nur zwei Menschen pro Woche zum Glauben an Christus führen würden – ohne Menschen von der Baptistengemeinde um die Ecke abzuwerben –, wären dies 100 neu getaufte Christen pro Jahr und pro Gemeinde, insgesamt also 20 000 000 im ganzen Land.

Die Gesamtbevölkerung der Vereinigten Staaten beträgt etwa 270 Millionen. Wenn in jeder Woche und jeder Gemeinde acht oder neun Menschen zum Glauben geführt würden, könnte sich Amerika innerhalb von zwei oder drei Jahren dramatisch verändern. Kann irgendeine Gemeinde, die die Gute Nachricht verbreitet, sich nicht dieses bescheidene Ziel im Namen ihres Königs setzen?

Gottes Plan für Ortsgemeinden konzentrierte sich immer auf Evangelisation. Wer zu Christus geführt wird, wird Teil einer Familie, in der er im Glauben wachsen und in der Nachfolge angeleitet werden kann. Auf diese Weise lässt sich der Schwund vermeiden, den wir oft erleben, wenn gemeindeunabhängige Dienste die Aufgaben übernehmen, für die eigentlich die Ortsgemeinde zuständig ist.

Eine Neuausrichtung auf Evangelisation würde uns natürlich dazu zwingen, uns wieder auf ernsthaftes Gebet und das einfache Evangelium von Jesus Christus zu konzentrieren. Gott könnte uns wie kein anderer auf den siegreichen geistlichen Kampf vorbereiten. Hingegebene Christen hätten nicht mehr die Zeit, so viel fernzusehen wie bisher. Eine Menge anderer Aktivitäten müssten weichen. Wir wären völlig damit beschäftigt, nach der Bibel zu leben, den Herrn anzurufen, zu fasten und die Menschen zu erreichen, die Gott noch nicht kennen. Wir würden Gottes Salbung empfangen und die Kosten nicht scheuen.

Manche Gemeinden in kleineren Orten hätten vielleicht Probleme, 100 Menschen pro Jahr zu erreichen, aber das würde sich durch die Gemeinden in den Städten ausgleichen, wo die Not so groß und die Möglichkeiten ungleich größer sind.

Wenn die amerikanischen Gemeinden wirklich alles daran setzen würden, diese »großen Taten« für Gott zu vollbringen und in diesem Jahr 20 000 000 Menschen zu Christus zu führen, würden wir in drei oder vier Jahren unsere Gesellschaft nicht wieder erkennen.

Vielleicht halten Sie das für idealistische Träumereien eines Amerikaners, aber ist dies nicht genau das, was Jesus uns vor seiner Himmelfahrt aufgetragen hatte?

> »Darum geht nun zu allen Völkern der Welt und macht die Menschen zu meinen Jüngern und Jüngerinnen! Tauft sie im Namen des Vaters und des Sohnes und des Heiligen Geistes, und lehrt sie, alles zu befolgen, was ich euch aufgetragen habe« (Mt 28,19–20).

Was muss noch passieren, um die Leiter von Denominationen, Pastoren und Laien aufzurütteln und erkennen zu lassen, dass wir uns alle eines Tages vor dem Richterstuhl Christi verantworten müssen? Unser Gefühl der Unzulänglichkeit ist keine Entschuldigung, angesichts der Tatsache, dass er uns versprochen hat, mit uns zusammenzuarbeiten, wenn wir unser Herz ganz darauf ausrichten, sein Reich auszuweiten.

Clever für Gott

Die tapferen Krieger aus dem 11. Kapitel der 1. Chronik halfen David sogar dabei, eine neue Hauptstadt für sein Königreich zu erobern. Diese Geschichte erfahren wir in den Versen 4 bis 9. Der moderne Staat Israel feierte 1999 den 3 000 Geburtstag dieser Stadt, Jerusalem, die das Zentrum jüdischen Lebens bildet.

Die Stadt war keine leichte Beute. Die Jebusiter, die in Jerusalem lebten, sagten David ins Gesicht: »Keine Chance. Dies ist eine starke, befestigte Stadt, und du wirst es nicht schaffen, in sie einzudringen.« In 2. Samuel, Kapitel 5, Vers 6 wird uns ihre Beleidigung überliefert: »Diese Festung wirst du nicht einnehmen, selbst Blinde und Lahme könnten sie verteidigen!«

So ist es jedes Mal, wenn Christen versuchen, etwas Bedeutendes für Gott zu unternehmen. Es ist nie einfach. Wenn Gott uns dazu bewegt, sein Reich an einem neuen Ort zu bauen, steht der Feind mit Sicherheit schon bereit, um uns zu verhöhnen. Der Teufel versucht uns immer davon zu überzeugen, dass wir uns dieses Mal zu viel vorgenommen haben und bald schon geschlagen am Boden liegen werden.

Aber David und seine Krieger machten weiter. Sie würden nicht zurückgeschlagen werden. David machte sogar ein ungewöhnliches Angebot: »Wer den ersten Jebusiter erschlägt, soll Heerführer werden!« (1 Chr 11,6). Das bedeutete, der Erste zu sein, der hügelan marschierte, auf gut bewaffnete Soldaten zu, die auf dicken Mauern saßen und nur darauf warteten, einen Regen von Pfeilen und Steinen loszulassen. Doch Davids junger Neffe Joab nutzte die Gelegenheit. Er drang als Erster in die Stadt ein und wurde für die nächsten Jahre Davids Heerführer.

Auf diese Weise wählen wir heute in unseren Gemeinden keine Leiter aus, oder? Wir orientieren uns lieber an Lebensläufen, Alter, Image, Bildung und einer Reihe anderer menschlicher Kriterien. David dagegen achtete auf Cleverness und Tapferkeit auf dem wirklichen Schlachtfeld.

Wenn wir mutig genug sind, den geistlichen Kampf aufzunehmen und starke Männer und Frauen des Glaubens und des Gebetes zu sein, gibt es keine Einschränkungen in Bezug auf das, was Gott durch uns erreichen kann. Manche von uns werden am Ende so berühmt sein wie König David, Catherine Booth und Charles Finney; der Rest wird im Verborgenen bleiben wie Eleasar, Daniel Nash und Rina Gatdula. Das spielt keine Rolle. Es zählt nur, dass Gottes Macht und Licht in eine dunkle Welt gebracht werden, dass Menschen von Gott angerührt werden, wenn Gemeinden sich von ihrer gefährlichen Apathie abkehren und zu Zentren des Heiligen Geistes und des göttlichen Wirkens werden.

Die Helden der Kirchengeschichte, die wir heute verehren, waren nicht für ihre Cleverness bekannt; sie waren vielmehr Streiter für Gott. Moody wurde niemals offiziell in seinen Dienst eingesetzt. Finney besuchte nie ein Seminar. Und doch veränderte Gott ganze Städte als Resultat ihres Wirkens.

Die Zeit ist reif

Was hält uns davon ab, Streiter für Gott zu werden? Gott hat sich nicht verändert. Er ist immer noch allem überlegen, was der Feind gegen uns einsetzen kann.

Keine persönliche Situation und keine Situation in einer Gemeinde sind zu hoffnungslos für die Macht des

Gott wird morgen genauso bereit sein zu
handeln wie heute. Er wartet nur darauf,
dass wir seine Verheißungen ernst
nehmen und mutig vor den Thron der
Gnade treten.

Heiligen Geistes. Gott wird morgen genauso bereit sein zu handeln wie heute. Er wartet nur darauf, dass wir seine Verheißungen ernst nehmen und mutig vor den Thron der Gnade treten. Er möchte, dass wir dem Feind mitten im Angriff entgegentreten und ihm im Namen Christi widerstehen. Wenn wir das tun, wird Gott uns mit allen Mitteln himmlischer Macht ausstatten.

Lieber Vater,
danke für deine Barmherzigkeit und die Erlösung, die du uns in Jesus Christus geschenkt hast. Bitte vergib uns alle unsere Übertretungen und Fehler. Zieh uns zu dir und beginne ein neues Werk der Gnade in jedem von uns.
Gestalte uns zu den Menschen um, die wir nach deinem Plan sein sollen. Schenke unseren Gemeinden frisches Feuer. Brich unseren Stolz, öffne unsere Herzen und fülle uns im Übermaß mit deinem Heiligen Geist.
Oh Gott, lass dadurch den Namen Jesu auf der ganzen Erde erhoben werden.
Amen.

Anmerkung

[1] Für eine ausführlichere Darstellung siehe Garth M. Rosell und Richard A. G. Dupuis (Hrsg.), *The Memoirs of Charles G. Finney: The Complete Restored Text*. Grand Rapids, Zondervan, 1989, S. 119–20.

Ein Wort an Pastoren

Ich scheue mich immer davor, mich direkt an Pastoren zu wenden, da ich mir bewusst bin, dass ich keine klassische Ausbildung genossen habe. Aber in der Schule meiner praktischen Erfahrung haben sich die wesentlichen Wahrheiten der Bibel gezeigt, und diese möchte ich an Sie weitergeben.

Das Folgende schreibe ich, weil es mir ein Herzensanliegen ist, dass jeder von uns Gottes Berufung in seinem Leben erfüllt:

1. Jeder Pastor steht heute in seinem Dienst, weil es nach Aussage von Paulus Christus war, der manche als »Hirten und Lehrer« einsetzte (vgl. Eph 4,11). Der Dienst war nicht Ihre oder meine Idee; er war von Anfang an Gottes Plan. Er hat uns ein geheiligtes Vorrecht anvertraut und damit auch eine Ehrfurcht gebietende Verantwortung, für die wir eines Tages vor dem Richterstuhl Christi Rechenschaft ablegen müssen.

Bei der Leitung unserer Gemeinden sollte uns an göttlicher Akzeptanz gelegen sein, statt uns so sehr auf aktuelle Trends oder auf das zu konzentrieren, was gerade gut ankommt. Christus wird eines Tages die Qualität unserer Arbeit unter die Lupe nehmen. Er wird den Trends, die andere setzen, keine Beachtung schenken. Aus diesem Grund sollten wir uns alle mit offenen Herzen vor ihm demütigen und ihn alles, was wir tun, neu ordnen lassen.

2. Wir sollten der Tatsache ins Auge blicken, dass unsere Gemeinden und Dienste von Gebet geradezu durchtränkt sein müssen, wenn sie sich so entwickeln sollen, wie es Gottes Willen entspricht. Keine neue Erweckung und keine Gemeindewachstumstechnik werden die Tatsache ändern können, dass geistliche Macht immer an die Gemeinschaft mit Gott gebunden ist. Wenn Sie und ich nicht beten, wenn unsere Gemeinden keine Sehnsucht nach Gottes Gegenwart haben, werden wir nie unser volles Potenzial entwickeln können.

3. Viele Besucher unserer Gebetsversammlungen am Dienstagabend werden inspiriert und beten auch zu Hause. Aber es ist sehr wichtig, auf Gottes Führung in Bezug auf die geistliche Temperatur einer Gemeinde und den nächsten Schritt zu achten.

Während einige Pastoren ähnliche Gebetsversammlungen ins Leben gerufen und großartige Reaktionen erlebt haben, wurden andere enttäuscht. Oft ist der Geist des Gebets in einer Gemeinde so abwesend, dass eine Gebetsversammlung unter der Woche nur auf Apathie und betonte Kühle stößt, egal, wie biblisch oder lobenswert sie auch ist. Das entmutigt Pastoren noch mehr, und sie fühlen sich doppelt geschlagen, wenn von Woche zu Woche weniger Menschen kommen.

Ich empfehle oft, dass diese Pastoren stattdessen den Gottesdienst am Sonntag verändern. Die Predigt kann etwas gekürzt werden, und wenn die Predigt zu Ende ist, kann man diejenigen, die sich von ihr angerührt fühlen, nach vorne bitten, um für sich beten zu lassen. Versammeln Sie die Mitarbeiter und Leiter Ihrer Gemeinde um Sie herum und beten Sie mit ihnen. Was ist ein »Altardienst«? Eine Gebetsversammlung im Miniformat.

Wenn Menschen mehr Freiheit haben, ihre Anliegen vor Gott zu bringen, kann der Geist des Gebets Halt finden. Dann wird Gott Sie zum nächsten Schritt führen. Wir sollten uns immer vergegenwärtigen, dass das Gebet eine Gabe des Heiligen Geistes ist, die wir nicht selbst hervorbringen können. Geben Sie Gott also die Zeit, in den Herzen der Menschen zu wirken. Wenn sie erst einmal die Freude und die Kraft seiner Gegenwart erlebt haben, kann Gott noch größere Dinge bewirken.

4. Lassen Sie uns nie die Entschuldigung akzeptieren, dass Gott in unserer Situation sowieso nichts machen kann, dass unsere Leute zu reich sind oder zu arm, zu innerstädtisch oder zu ländlich, zu traditionell oder zu modern. Diese Haltung findet sich an keiner Stelle in der Bibel. Egal, welche ethnischen Ursprünge oder geografische Lage unsere Gemeinde hat – wir können Gottes Wirken genauso erleben wie die Mitglieder der Urgemeinde, da Gott sich nie verändert. Die einzige Veränderung ist in uns passiert.

Lassen Sie uns in unserem Inneren das Ziel setzen, uns so zu verändern, wie es Gottes Plan für uns und unserer Gemeinde entspricht. Lassen Sie sich darauf ein zu erleben, wie er Unglaubliches bewirkt, damit wir ihn und seine Gnade loben.

Im Spannungsfeld von Theologie und Glauben

Jack Deere erzählt erfrischend lebendig und mit entwaffnender Ehrlichkeit von seiner »Umkehr« heraus aus der Sackgasse eines korrekten, aber leblosen Theorieglaubens hinein in die lebendige, farbige Welt des Erfahrungsglaubens.

Aber er wäre nicht Professor für Neues Testament, würde er nicht im selben Moment seine Erfahrungen im Lichte der Bibel hinterfragen. Eine ganze Reihe weit verbreiteter bibel-theologischer Behauptungen wird dabei überzeugend als unbiblisch entlarvt.

Jack Deere
Überrascht von der
Kraft des Heiligen Geistes
Pb., 240 Seiten
Bestell-Nr. 657 053

Träume, Visionen und Prophetie
Wie Gott heute noch zu uns spricht

Ob Gott auch heute noch zu uns spricht? Früher hätte Jack Deere diese Frage verneint. Doch heute weiß er, dass mit keinem Wort der Bibel belegt werden kann, dass uns Gott außerhalb der Heiligen Schrift nichts mehr zu sagen hätte. Die Konsequenzen aus dieser Erkenntnis sind bewegend: Der Gott der Bibel kommt uns in völlig neuer, lebendiger Weise nah.

Das Buch besitzt nicht nur hohe theologische Qualität, sondern ist vor allem ein entwaffnend ehrliches und ungemein begeisterndes Zeugnis eines Mannes, der seine theologischen und menschlichen Barrieren niederriss, um Gottes Stimme hören zu können.

Jack Deere
Überrascht von der
Stimme Gottes
Paperback, 384 Seiten
Bestell-Nr. 657 140